本书受北京市教委共建项目"京津冀协同一体化研究"支持

动作技能发展与青少年体质健康促进

——以北京地区为例

张 磊 著

人民体育出版社

图书在版编目（CIP）数据

动作技能发展与青少年体质健康促进：以北京地区为例／张磊著. -- 北京：人民体育出版社，2021（2024.11重印）
ISBN 978-7-5009-6018-8

Ⅰ.①动… Ⅱ.①张… Ⅲ.①动作(体育)—运动训练—关系—青少年—体质—健康教育—研究—北京 Ⅳ.①G819②G479

中国版本图书馆CIP数据核字(2021)第050042号

*

人民体育出版社出版发行
三河兴达印务有限公司印刷
新 华 书 店 经 销

*

880×1230 32开本 7印张 197千字
2021年5月第1版 2024年11月第3次印刷

*

ISBN 978-7-5009-6018-8
定价：36.00元

社址：北京市东城区体育馆路8号（天坛公园东门）
电话：67151482（发行部） 邮编：100061
传真：67151483 邮购：67118491
网址：www.psphpress.com
（购买本社图书，如遇有缺损页可与邮购部联系）

目 录

绪论 ………………………………………………………… （1）

第一章 动作技能理论概述 ………………………………… （7）

　一、动作技能概述 ………………………………………… （8）

　二、宏观视角：动作技能的形成理论 …………………… （11）

　　（一）意识层面 ………………………………………… （11）

　　（二）非意识层面 ……………………………………… （13）

　三、中观层面：动作技能的学习研究 …………………… （14）

　　（一）静态比较研究 …………………………………… （15）

　　（二）心理机制研究 …………………………………… （15）

　　（三）学习反馈研究 …………………………………… （16）

　　（四）学习迁移研究 …………………………………… （17）

　四、微观层面：动作技能与身体健康 …………………… （17）

　　（一）理论角度对动作技能体育教学的研究 ………… （18）

　　（二）实证角度对动作技能体育教学的研究 ………… （18）

　五、小结 …………………………………………………… （19）

第二章　动作技能学习与发展的哲学审视……………（21）

一、探索与构建：动作技能的理论辨析 ……………（22）
　　（一）联结理论与习惯论……………………………（22）
　　（二）闭环理论与图式理论…………………………（23）
　　（三）观察学习理论与信息加工论…………………（24）
　　（四）动作技能学习与发展的研究路径……………（25）

二、反思与解构：心物二元关系下的动作技能 ……（26）
　　（一）作为实践活动内容的动作技能………………（27）
　　（二）动作技能学习的主客关系……………………（28）
　　（三）动作技能的"终结论"与体育精神的缺失………（29）

三、回归与重构：动作技能与人的全面发展 ………（31）
　　（一）生命活动与动作技能的学习发展……………（32）
　　（二）身体健康与动作技能的学习发展……………（33）
　　（三）全面发展与动作技能的学习发展……………（33）

四、小结 ………………………………………………（35）

第三章　动作技能发展的影响因素………………（36）

一、影响动作技能发展的主体因素 …………………（36）
　　（一）生物遗传………………………………………（36）
　　（二）年龄……………………………………………（37）
　　（三）个性心理………………………………………（40）
　　（四）认知能力………………………………………（41）

（五）人际关系 …………………………………（42）
　　（六）感知觉能力 ………………………………（43）
　　（七）身体素质 …………………………………（43）
　　（八）神经系统的协调与控制能力 ………………（45）
　　（九）基础动作技能的熟练程度 …………………（45）
二、影响动作技能发展的客体因素 …………………（46）
　　（一）动作技能的难度 …………………………（46）
　　（二）体育教师 …………………………………（47）
　　（三）家庭环境 …………………………………（47）
　　（四）场地器材 …………………………………（48）
　　（五）体育教学评价 ……………………………（48）
　　（六）社会环境 …………………………………（49）
三、小结 ……………………………………………（50）

第四章　动作技能与体质健康关系的理论分析 ………（52）
一、动作技能发展与体质健康促进的关联可能 ………（54）
二、动作技能发展与体质健康促进的理论基础 ………（57）
三、动作技能发展与体质健康促进的实证基础 ………（60）
四、小结 ……………………………………………（62）

第五章　动作技能与大学生体质健康的实证研究 ………（64）
一、前言 ……………………………………………（64）
二、研究对象 ………………………………………（65）

三、研究方法 ……………………………………………（ 65 ）
　（一）测量法 …………………………………………（ 65 ）
　（二）问卷调查法 ……………………………………（ 72 ）
　（三）访谈法 …………………………………………（ 74 ）
四、结果与分析 …………………………………………（ 75 ）
　（一）体质健康与动作技能发展描述性统计分析……（ 75 ）
　（二）大学生体质健康与动作技能的相关研究………（ 84 ）
　（三）动作技能与体质健康的多元回归分析…………（ 86 ）
　（四）运动习惯对体质健康与动作技能的影响………（ 90 ）
　（五）基础教育对体质健康与动作技能的影响………（108）
　（六）运动参与阻碍因素对体育健康与动作技能的影响
　　　 ……………………………………………………（128）
　（七）体育消费对体质健康与动作技能的影响………（161）
　（八）个人健康状况对体质健康与动作技能的影响…（185）
　（九）运动习惯与动作技能在体质健康与个人健康状况
　　　 之间的链式中介 …………………………………（190）

第六章　动作技能培训方案 ………………………（197）
一、基础阶段 ……………………………………………（199）
　（一）位移技能的发展 ………………………………（199）
　（二）物体控制技能的发展 …………………………（201）
二、中期阶段 ……………………………………………（202）
　（一）位移技能的发展 ………………………………（202）

（二）物体控制技能的发展 …………………………（203）

三、提升阶段 ………………………………………（205）

（一）位移技能的发展 ………………………………（205）

（二）操作技能的发展 ………………………………（206）

附录 "运动习惯、动作技能发展与体质健康"调查问卷
………………………………………………………（208）

绪　论

随着社会的发展与人们生活水平的提升，健康日益成为人民群众的重要需求。作为实现健康的重要途径，体育运动日益成为当代青少年增强体质、磨炼意志与健康生活的"必需品"。2020年9月21日，国家体育总局、教育部颁布的《关于深化体教融合促进青少年健康发展的意见》中提出："树立健康第一的教育理念，面向全体学生，开齐开足体育课，帮助学生在体育锻炼中享受乐趣、增强体质、健全人格、锤炼意志，实现文明其精神、野蛮其体魄。"如何让学生在体育锻炼中享受乐趣，并养成有规律参与体育运动的习惯，进而增强体质健康水平，是我们需要思考并解决的链式问题，其中，本源的问题就落脚于"乐趣"。我们需要进一步思考如何才能在体育锻炼中享受乐趣？动作技能是完成身体活动的基础，也是运动表现的根本。动作技能指通过练习巩固下来的、自动化的、完善的动作活动方式。如日常生活方面的写字、行走、骑自行车、打球都属动作技能。该文件中还提出了实施体育项目技能培训、普及体育运动技能等与动作技能相关的指导理念，可见政府主管部门越来越发现动作技能在运动参与、享受运动乐趣、增强体质健康方面的作用。有了良好的动作技能作为保障，才能更好地掌握体育运动技能，参与运动的内在动机才会更强，才会在体育锻炼中建立自信、享受乐趣。

"京津冀""长三角""珠三角"三大经济圈在我国经济社会发展中具有举足轻重的地位，这三大经济圈的发展寄托着我们振兴中华的使命，也承载着我们国富民强的期望。在国家大力倡导京津冀协同发展的背景下，在2022北京冬奥会日益临近的大环境下，京津冀地区体育运动与全民健康如何协同发展、如何让青少年在体育锻炼中享受乐趣、如何提升青少年体质健康等问题是我们值得关注和研究的。

教育资源和人才资源是十分宝贵的资源。北京拥有发达的公共教育服务体系，也具有强大的公共体育运动体系，高质量的师资力量和高素质的人才群体是北京市教育资源的重要特征。在夏季奥运会和冬季奥运会的带动下，北京与天津、河北之间建立起公共的体育健康事业联动机制，同时也带动了高科技、服务业以及其他产业的融合与发展。首都经济圈的发展对京津冀一体化发展起到了重要的促进作用，但是京津冀城市之间以及城乡之间存在着不同的体质健康与运动技能的观念，市中心发达的地方具有超前的意识和强劲的经济实力，而周边城市与农村地区的人们对体质健康和运动技能的意识较为浅薄，教育以及体育的服务体系不够完善，无法满足以及促进人们对获得体育运动技能的进一步需求。北京凭借首都的区位优势汇聚了各方资源，金融、文化等高端产业聚集，加之北京作为全国的文化中心、教育中心，在教育政策制定、教育实践探索等方面应该起到一定的引领作用。因此，我们选取北京地区为代表，探索动作技能发展与青少年体质健康促进，希望能从中获得一些方法和经验，并推广到全国其他省市地区。

2018年10月，为深入学习贯彻习近平总书记关于教育的重要论述和全国教育大会精神，北京在全国率先召开教育大会，研究部署北京市教育事业改革发展各项任务，加快推进教育现代化，努力办好人民满意的教育。在学习并贯彻落实北京市教育大会精神的基础上，要全面准确地认识教育以及体育在落实首都"四个中心"战略定位中的重要地位，从而深入推进首都教育现代化建设，实现三大战略的转变，即从"北京体育"向"首都体育"、从"总体体育现代化"向"高水平体育现代化"、从"区属体育"向"区域体育"的转变。2020年9月22日，习近平总书记在教育文化卫生体育领域专家代表座谈会上强调了正确的运动观念："一方面，要让孩子们跑起来。另一方面，体育锻炼要讲究科学，做好保护和准备工作，帮助学生在体育锻炼中享受乐趣、增强体质、健全人格、锻炼意志。"这就意味着，高质量的体育运动不但需要人们主观锻炼的需求，而且需要有正确科学的运动技能作为指导。重新审视体育与生活、时代、区域战略的关系，是制定新时代北京体育现代化建设战略面临的重要课题。习近平总书记的讲话为新时代的体育建设指明方向，同时也启发我们需要深入思考"建设什么样的首都体育和怎样建设首都体育"等基本问题。

首都体育事业的发展与提升具有重要的示范作用和影响力。首都青少年体育事业，不仅是体育改革发展的重要阵地，也是体育教学研究进行创新示范的主要基地，为此，我们仍有许多工作要做。首先，要坚持体育改革的政治自觉，凸显首都体育的先进性，努力实现体育与首都功能定位的密切匹配，在培养全面发展的社会主义建设者和接班人方面走在全国前列；其次，要坚持体育改革的文化自信，凸显首都体育教学的示范性，构建符合中国人体质健康的运动科学理论，增强人们对中国体育事业的信心；最后，要坚持体育改革的时代要求，凸显首都体育的现代性，深入研究体育教学中的科学知识，构建中国特色的青少年体育运动技能知识体系，努力实现体育与建设国际一流宜居之都的密切匹配，在促进体育运动的创新发展道路上走在世界前列。

2017年，党的十九大提出的"实施健康中国战略"，是党中央立足于现在、放眼于未来的一项重要战略，是全面建成小康社会和把我国建成富强民主文明和谐美丽的社会主义现代化强国的健康基础。实施健康中国战略，事关人类的全面发展和社会的全面进步。"投资健康"可以有效提高劳动力工作年限和劳动生产率，促进"人口红利"更多转化为"健康红利"。"每天锻炼1小时，健康工作50年，幸福生活一辈子"，这是2004年"全国高校体育工作座谈会"叫响的口号，倡导健康的生活理念。在2007年第七届全国大学生运动会开幕式上，教育部长周济代表教育部再次向全国的广大青少年学生提出这一口号。近30年，我国青少年体质健康部分指标呈明显下降趋势，原因是多方面的。动作技能的形成、运动习惯的养成、家校的支持度、社会的认可度、个人的运动观等都是很重要的影响因素。"动作技能发展"恰恰为该领域的研究提供了一个基于学生动作技能内在发展规律、有效针对学生体质健康提升过程所面临的实际问题的专业理论视角。以往学生体质健康方案重视传统经验的累积，却忽视动作技能形成的规律；重视体质健康现状调查和发现短板，却忽视动作技能本身的学习研究；重视单一的反复训练效果，却忽视动作技能教学及学生的主体性和积极性；重视外部条件的影响，忽视学生个体本身的发展规律。如何培养学生的运动习惯，提升学生的动作技能水平，提高社会对于体育运动的认可度，提升个人运动观，探寻动作技能与体质健康之间的内在关系，是值得思考和研究的。以往研究中，体质健康相关著作和论文已有很多，为本研究奠定了坚实的基础，但很少有从动作技能的视角切入，理论和实证相结合分析动作技能发展对于青少年体质健康的促进作用。因此，本书将在阐述动作技能相关理论的基础上，从动作技能发展的视角，分析动作技能与体质健康的关系。

动作技能涵盖范围广泛，既有日常生活的跑、跳等动作，也有体育课上各项运动的动作。实际上，动作技能的动作要素是学习和完成任何运动项目动作的基础。为了培养学生学习动作技能的积极性、规范教学的正确性，达到主动体育、终身体育的目的，需要对动作技能进行全面梳理，并研究厘清动作技能与身体健康之间的关系，为之后的教学实践提供理论指导。本书第一章"动作技能理论概述"，笔者通过对国内外文献进行梳理，从宏观、中观、微观的三维视角对动作技能本体概念的心理学演进、动作技能的客体学习研究以及动作技能体育教学的具体实证研究三个方面进行研究。本部分包括动作技能的概念界定、动作技能的形成理论、动作技能的学习研究、动作技能与身体健康等内容。

动作技能的学习和发展与人的身体健康息息相关，是心理学、体育学、哲学等学科的研究议题。在不同学科的语境中，动作技能的研究呈现出多样性。然而长期以来，心理学与体育学对动作技能的研究越来越陷入客观技术的层面，而忽视人的全面发展。本书第二章"动作技能学习与发展的哲学审视",笔者从心物二元问题和身心健康关系等哲学视角出发,分析动作技能的主客关系是促进动作技能教学与研究的关键,重新审视动作技能的学习与发展,推动当代学校体育的进一步发展。本部分包括动作技能的理论辨析、心物二元关系下的动作技能、动作技能与人的全面发展等内容。

众所周知,动作技能的形成和发展受到诸如智力状况、身体素质水平、学习动机、年龄、性别、认知水平、动作难度、家庭环境、教师、人际关系等多种内外因素、本体环境和客观环境的影响,是一个不断学习、发展和适应的过程。并且,动作技能的发展存在个体差异,不同的时间、空间都会有影响。本书第三章"动作技能发展的影响因素",笔者从个体内部与环境外部两方面对影响动作技能的发展进行梳理,探索影响动作技能发展的核心要素。本部分包括影响动作技能发展的主体因素、影响动作技能发展的客体因素等内容。

体质健康是人类工作和生活的基础,世界各国都十分重视体质健康问题。但近30年我国学生体质健康并不乐观,一些指标仍趋于下滑。究其原因是"考什么练什么"的应试体育理念造成的,这是一种短时有效的发展思路,因学生缺少兴趣,所以效果难以持续。我们可否换个角度来思考这个问题?可否通过动作技能提升学生锻炼自信,进而提高运动参与兴趣,改变锻炼习惯,提高体质健康水平?本书第四章"动作技能与体质健康关系的理论分析",笔者对动作技能发展与体质健康的关系进行理论分析。本部分包括动作技能发展与体质健康促进的关联可能、动作技能发展与体质健康促进的理论基础、动作技能发展与体质健康促进的实证基础等内容。

在理论分析的基础上,本书第五章"动作技能与大学生体质健康的实证研究"将进一步把动作技能与体质健康的关系落实到实践层面。笔者采用测量法、访谈法、问卷调查法等方法进行研究,使用修订的TGMD-2工具进行动作技能测量,采用教育部规定的测试仪器进行体质健康测量，采用自编的"运动习惯与健康状况调查问卷"进行问卷调查，通过实证研究构建动作技能与体质健康模型，并通过验证性因素分析验证该模型，系统地厘清学生动作技能与体质健康之间的内在逻辑关系，实现学生动作技能发展与体质健康提升策略有机结合，更好地帮助学生掌握动作技能，提高其体质健康水平。本部分包括研究目的、研究方法与研究对象、研究设计、结果与分析、结论与建议等内容。

第一章　动作技能理论概述

　　健康体魄是青少年为祖国服务的基本前提，是中华民族旺盛生命力的体现。2007年，国务院出台的《关于加强青少年体育增强青少年体质的意见》指出：确保学生每天锻炼一小时，全面实行大课间体育活动制度。提升青少年身体健康已成为国家和社会普遍关心的问题。近些年，我国不少研究者针对提升青少年体质健康进行研究，试图通过体育教学、课外锻炼等方式提升青少年的体质健康。但目前，多数研究重视传统经验的累积，忽视动作技能形成的规律；重视体质健康现状调查和发现短板，忽视动作技能本身的学习研究；重视单一的反复训练效果，忽视动作技能教学及青少年的主体性和积极性；重视外部条件的影响，忽视青少年个体本身的发展规律。"动作技能"恰恰为该领域的研究提供了一个基于动作技能内在发展规律，又有效针对青少年体质健康提升过程所面临的实际问题的专业理论支撑。事实上，早在20世纪30年代，"动作发展学"作为一门理论与实践相结合的新兴学科在美国等西方发达国家发展起来。有关"动作技能发展"方面的研究已为我们初步勾勒了青少年动作技能发展的基本线路。如1974年，谢菲尔德（Sheffield）提出动作熟练度发展序列模型，指出婴儿期处于反射-反应阶段，儿童早期处于基本动作技能阶段（如拍球、单脚跳等基本动作），儿童中期处于过渡性动作技能阶段（如跳绳、民间舞等动作技能），儿童中期到成年期处于逐步形成专门竞技运动技能阶段（如足球、网球等）[1]。1985年，乌尔里希（Dale A. Ulrich）编制了TGMD，并于2000年修订形

---

[1] Sheffield, Vern. Perceptual-Motor Programs [J]. Exercise and Sport Sciences Reviews, 1974, 2（1）: 265-288.

成TGMD-2，用于评估大肌肉动作发展能力，测试内容包括移动（如单脚跳、前跨跳等）和物体控制（如原地拍球、双手接球等），是目前国际上常用的动作技能发展能力的测试工具[1]。另外，2008年，格莱格佩尼（Greg Payne）和耿培新等在《人类动作发展概论》一书中指出"体质健康的身体形态、机能、素质、运动能力与人的动作发展密切联系、相互影响"[2]。这些研究都为本书的研究奠定了良好的基础。动作技能涵盖范围广泛，既有日常生活的跑、跳等动作，也有体育课上各项运动的动作。实际上，动作技能的动作要素是学习和完成任何运动项目动作的基础，为了培养学生学习运动技能的积极性、规范教学的正确性，达到主动体育、终身体育的目的，需要对动作技能进行全面梳理，并研究厘清动作技能与身体健康之间的关系，为之后的教学实践提供理论指导。因此，本文从宏观、中观、微观的三维视角，对动作技能本体概念的心理学演进、动作技能的客体学习研究以及动作技能体育教学的具体实证研究三个方面，对国内外文献进行梳理，系统地厘清动作技能与青少年身体健康之间的内在逻辑关系。

因此，本部分从宏观的形成理论视角、中观的学习研究视角和微观的体育教学视角梳理动作技能价值，对动作技能本体概念的心理学演进、动作技能的客体学习研究以及动作技能体育教学的具体实证研究三个方面的国内外文献进行梳理，对提高动作技能的学习与体育教学的效率具有重要的现实意义。

一、动作技能概述

学术界目前对动作技能没有确定的定义。国外学者的早期研究主要

---

[1] Ulrich D. A. Test of Gross Motor Development（Second Edition）Examiner's Manual [M]. Austin, TX: pro-ed Publishers, 2000.

[2] 格莱格佩尼，耿培新，梁国立，等. 人类动作发展概论 [M]. 北京：人民教育出版社，2008.

是针对动作技能的可习得性等在心理意识层面对其进行定义；而国内学者引入概念后，则从特点入手，结合生理和心理对其进行分类、界定。

国外一批学者对动作技能的定义做了比较先驱性的研究，提炼出了几个关键要素。克伦巴赫（J. Cronbach）认为动作技能是可习得、执行准、动作少、意识少的一种操作[1]。伍尔福克（A.E. Woolfolk）把动作技能归纳为"完成动作所需要的一系列身体运动的知识和进行那些运动的能力"。加涅（Gagné R M）认为运动技能是协调运动的能力，分为描述动作规则和肌肉动作两部分[2]。马吉尔（R.A. Magill）强调运动技能具有目的性，是为了完成任务的动作表现[3]。可见，国外学者主要强调了动作技能的可习得性、目的性、协调性等方面。

国内学者在学习吸收国外学者的既有研究上，经过批判辩证与结合实际，也对动作技能的定义提出个人的见解。章永生（1996）[4]将动作技能定义为一种习得的能力，具有迅速、精确、流畅、娴熟的活动方式表现特点。李捷（1999）[5]认为动作技能是大脑的知觉与人的目标的结合产生的行为。张洪潭（2000）[6]认为是动作的程序化的操作状态。可见，国内学者多是在吸纳国外定义中的可协调性、协调性、目的性等因素基础上，做出了个人独特的理解。

总的来说，动作技能是有机体使用骨骼肌的能力，依赖各个器官的

---

[1] Renzulli J S, Reis S M. The School wide Enrichment Model: A How To Guide for Educational Excellence. Second Edition [M]. Creative Learning Press, Inc. P.O. Box 320, Mansfield, CT 06250. 1997.

[2] Gagné R. M., Briggs L. J., Wager W. W. Principles of instructional design [M]. Harcourt Brace Jovanovich College Publishers. 1992.

[3] Magill R. A. Motor learning and control: concepts and applications [J]. Motor Learning & Control Concepts & Applications, 2007, 71 (1): xvi+671.

[4] 章永生. 教育心理学 [M]. 石家庄：河北教育出版社，1996.

[5] 李捷. 运动技能形成自组织理论的建构及其实证研究 [D]. 北京：北京体育大学，1999.

[6] 张洪潭. 技术健身教学论 [M]. 上海：华东师范大学出版社，2000.

配合，需要学习获得并表现出精确连贯的活动方式，包括走、爬等低级动作技能和运球、击打等体育运动的高级动作技能，具有后天习得性、时间空间结构不变性、任务驱动性、自动化性等特点。

动作技能的学习和发展与人的身体健康息息相关，因此成为心理学、体育学、哲学等学科的研究议题。在不同学科的语境中，动作技能的研究呈现出多样性。然而，长期以来，心理学与体育学对动作技能的研究越来越多，也越来越深入。不过，提及"学习"，每个人每天都在进行着学习活动，但是要给学习或者学会下定义却并非容易的事情，而从不同的时期来看，人们确实对于动作技能的学习有着不同的理解，其主要基于人们对于动作技能形成的原理有着不同的理解。

动作技能离不开主体，其是由人来实现并且是以人的生命活动为载体的特殊活动。同时，动作技能也是人类体育运动中的核心内容，其不仅与运动者的主体紧密相关，而且不可与客观事物的运动规律割裂，主客之间的关系构成了体育运动实践和动作技能的两个主要方面，二者关系的协调发展对人们科学锻炼、增进健康有着重要影响。在当前，对动作技能的研究倾向于割裂人与外在的联系、割裂主客之间的统一关联的方向，这虽然从一定程度上促进了动作技能的研究与发展，但却往往损害了动作技能研究的应有之义与本质目的，对此，我们将进一步梳理、分析并回应这一问题。

在理论史上，动作技能的研究经历了四个重要的发展阶段。现如今，大家通常认为"动作技能"是指人体在活动过程中掌握和有效地完成专门动作的能力。在心理学与生理学看来，动作技能包括"大脑皮层主导下的不同肌群间的协调性"，也即动作技能是指在一定的时空内大脑控制肌肉收缩的能力，并通过力量和速度来完成动作。动作技能的学习与发展是学习者与教学者需要共同面对的课题，教学者如何能让学习者科学、有效地掌握运动技能、如何能够促进人的健康全面发展是理论研究的核心问题，围绕于此，动作技能的理论研究者们给出了不同的回答。例如，早期的联想主义学派认为动作技能的学习是由于人类观念之间的联结而形成，而联结主义将此抽象的观念归结为人类受刺激而反应形成的学习过程；认知主义学派则主张动作技能等学习活动是由人类的认知结构所决定的。发展至今，关于动作技能形成的具体原因仍没有得到一个普遍认可的答案，但是动作技能的科学练习却深刻地影响着我们的生活，尤其是对青少年在发展成形的过程产生了重要的影响。合理科学的动作技能不仅对身体健康有着重要的作用，而且对青少年形成科学的世界观、人生观、价值观具有重要的影响，因此，需要我们对动作技能和身体健康的关系做出必要的梳理。

二、宏观视角：动作技能的形成理论

动作技能的形成理论早期以心理学为基础，后运用于体育教学中，期间集合了行为学、生理学等一系列交叉学科，现已发展成一个庞大的交叉学科理论群，主要可以分为早期意识层面的理论和后期非意识层面的研究，前者还带有比较浓厚的心理学痕迹，后者则更加凸显多学科交叉的特点。

（一）意识层面

意识层面主要从心理学角度进行研究，对人的意识进行信息、知觉、意志等分析，主要分为行动派和认知派两个前后承接的流派。

行动派脱胎于心理学，以比劳德奥（Bilodeau）《技能的获得》为标志。行动派中，有苏联学者加加耶娃创立的以条件反射为基础的联结理论和由赫尔（Hull）与斯金纳（Skinner）等美国新行为主义者提出的以强化为条件的习惯论。新行为主义代表人物斯金纳（1938）发明的"斯金纳箱"用于动物操作条件作用实验。该箱子的箱壁·边有一个可按压的杠杆，杠杆旁有一个放置食物的小盒紧靠箱壁上的小孔，小孔外是食物释放器，其中贮有颗粒形食物。动物在箱内按一下杠杆，即有一粒食物从小孔口落入小盒内，动物可取食。一只白鼠禁食24小时后被放入箱内，开始它在箱内探索，偶尔按压了杠杆，获得食丸。白鼠开始可能并没有注意到食物落下，但若干次重复后，就形成了压杆取食的条件反射。以后稍有改进，如外包隔音箱，食物释放装置由程序控制等，可测试动物能否学会按三次杠杆以得到食物，或间隔一定时间按压杠杆才能得到食物。对不同物种的动物，其设计稍有不同。该装置实际是对"桑代克迷箱"的改进，后被用于研究动物学习能力和自我刺激与合作行为等心理学研究，已采用了电子线路，使用更方便[1]。联结理论认为动作技能形成有三个阶段，即局部掌握、整体掌握、协调完善，是一个从低级到高级、从局部到整体的过程[2][3]。习惯理论进一步用刺激—反应（S-R）的联结解释动作技能形成，解释了低级动作的学习。两者都带有比较强的早期心理学痕迹，但不可否认的是促进了动作技能理论的研究，也为认知派时代的开启奠定了基础。认知心理学的S-O-R模型，其实最早起源于行为主义，当时人们认为情绪或行为障碍是外部刺激直接引起的，行为主义盛行的时候，他们觉得没必要去研究人内在的心理过程，以至于将人的复杂行为归结为"刺激"S+"反应"R模式。但大量的事实证明，同样的刺激在不同的个体上，其情绪和行为表现可以是截然不同的两个极端，这说明了人们生活中的各种事情必须经过主体的选择、接受、评价、加工等认知过程的中介才引起相应的情绪和行为。所以，之后认知心理学家托马斯（Thomas）在此模型的基础上提出了S-O-R模式，强调内在机制的作用对人的心理和行为的影响[4]。

[1] 林崇德.心理学大辞典[M].上海：上海教育出版社，2003.
[2] 李振波.动作技能学习理论述评[J].职教通讯，1998（8）：30-32.
[3] 刘德恩.试析动作学习理论模式的演变[J].华东师范大学学报：教育科学版，1999（4）：63-69.
[4] 斯滕伯格.认知心理学[M].杨炳钧，等译.北京：中国轻工业出版社，2000.

认知派下分两个流派，分别是认知结构派和信息加工派。认知结构派以加拿大心理学家亚当斯（Adams）的闭环理论（Closed-loop Control System）为代表，其假定动作技能的学习是建立在知觉痕迹和记忆痕迹基础上，前者只起修正动作功能，后者起着选择和反应的功能，这标志着动作技能研究渐趋成熟。在闭环理论之后，施密特（Schmidt）在康德、皮亚杰、罗尔、鲁美尔哈特等基础上，总结出图式理论（Motor Schema Theory），认为人脑所存储的是结构关系，而非具体细节[1]。纽威尔和巴克雷（Newell & Barclay）[2]进一步修订，认为学习者有目的和预期，进而提出了图式层次结构的观点。认知派中另一派别是信息加工派。辛格（Singer）等强调认知在动作技能形成中的必要性，认为学习者用信息、编码控制定向目标意向和目标期望，激活长时记忆信息并提取运用[3]。可见，认知派是对前期行动派理论的深入研究，着眼于更为具体的过程，同时更具系统性。

动作技能在意识层面的理论经过一代代人的不懈研究，逐渐形成一套完整的理论群，尤其是在心理学层面的研究已经非常深入。但也不得不指出，在这一时期，正是这一点导致动作技能囿于意识研究范畴，思路不够开阔。

（二）非意识层面

除了意识层面的理论，随着动作技能理论学习的日臻成熟，与其他学科的交叉也日益深入，一些非意识层面的理论研究开始不断推动发

---

[1] Schmidt R. A. A schema theory of discrete motor skill learning [J]. Psychological Review, 1975, 82（4）: 225-260.

[2] Newell K. M. Motor learning without knowledge of results through the development of a response recognition mechanism [J]. Journal of Motor Behavior, 1976, 8: 209-217.

[3] Singer, Robert N. Motor learning and human performance: an application to physical education skills [J]. 1968.

展,产生了内隐学习研究、非认知研究、生态学研究、整合研究等。内隐学习由心理学家勒贝尔(1989)开创,发现无意识状态下也可以学习动作技能,有助于复杂动作技能的学习,适应各种干扰,标志研究进入人类无意识学习的新领域[1][2]。非认知研究认为学习者诸如目的、态度、情感等非认知因素对动作技能学习有重大作用[3]。生态学研究强调从宏观的社会环境到微观的学习情境是动作学习过程中的重要调控因素[4]。整合研究使我们能够从生理学与心理学、主观与客观等多学科、多方面整合的观点看待动作技能。总之,非意识层面的理论呈现"百花齐放"的特点,通过加入一系列其他非意识因素,得出了许多颇具见地的研究理论。

随着动作技能在更为广阔的学科层面进行研究,新的视角被引入,也为其注入了新鲜的血液,在宏观理论上逐渐形成严密而又开放的体系,也为动作技能的学习研究提供了更多的视角。

三、中观层面:动作技能的学习研究

作为动作行为学的三个分支学科之一,动作技能学习(Motor Learning)的研究主要聚焦在两个方面:一是针对身体康复的先天性学习,二是关注日常生活、体育等的后天性学习[5][6]。在此基础上,出

---

[1] 丁俊武,周志俊,任杰.内隐学习理论的研究进展及其对体育教学的启示[J].北京体育大学学报,2002(6):816-820.

[2] Reber A. S. Implicit Learning and Tacit Knowledge [J]. Journal of Experimental Psychology, 1989, 118: 219-235.

[3] 丁俊武.动作技能学习理论的演变及发展展望[C].中国运动心理学学术会议,2006: 420-422.

[4] 董奇,陶沙.动作与心理发展[M].北京:北京师范大学出版社,2002.

[5] 张英波.动作学习与控制[M].北京:北京体育大学出版社,2003.

[6] 莫磊,万茹.国内外动作技能学习研究述评[J].科技信息,2009(30):396-397.

现了对动作技能学习的不同方面的研究。

（一）静态比较研究

其一，运动技能与动作技能的比较研究。吴劲松、董文梅（2010）[1]将动作技能与运动技能进行比较，两者难易不同，需要有不同的学习方式。其二，内隐与外显的比较研究。格林和弗劳尔斯（Green & Flowers）[2]实验发现，两者一样有效，甚至前者更为有效。赖锦松（2003）[3]认为，内隐学习效果比外显学习更优。其三，个体差异的比较研究。董佼（2011）[4]发现遗传或经验产生的潜在运动能力在不同动作中具有不同相关后程度，并且可以作为未来表现的预测指标。其四，学业成绩的比较研究。张绍礼等（2000）[5]认为技能水平与学业成绩具有相关性，通过动作技能的策略调控动作用于学业水平提高。总之，静态比较研究具有很强的外延性，涉及方面较为多样，在概念上进行了较为详尽的区分，也在一些对比上得到了有价值的结论。

（二）心理机制研究

在动作技能形成理论指导下，出现了诸如金泰尔（Gentile）动作

---

[1] 吴劲松，董文梅.从运动技能与日常动作技能比较分析的视角解析运动技能难易度[J].广州体育学院学报，2010，30（5）：47-50.
[2] Green T. D., Flowers J. H. Implicit versus explicit learning processes in a probabilistic, continuous fine motor catching task [J]. Journal of Motor Behavior, 1991 (23): 293-300.
[3] 赖锦松.内隐学习法在足球教学中的实验研究[J].广州大学学报，2003（2）：96-97.
[4] 董佼.动作技能学习中的个体差异研究综述[J].体育研究与教育，2011，26（1）：81-85.
[5] 张绍礼，赫秋菊.动作技能学习策略与学业成绩关系的研究[C].全国体育科学大会，2000.

技能掌握模式，以及费茨（Fitts）和包斯纳（Posner）的包括认知学习阶段（Cognitive Stage）、联结阶段（Associative Stage）和自动化阶段（autonomous stage）的三阶段模型。金泰尔（Gentile）结合环境背景和表征技能的动作功能，形成了一个由16种技能类型构成的分类系统，并将学习过程分成初期和后期。这一部分的研究与早期的动作技能宏观理论结合得较为紧密，许多是理论的进一步细化研究。

（三）学习反馈研究

反馈包括结果反馈、绩效反馈、定性反馈、定量反馈、同步追加反馈、末端追加反馈等。国外学者纽威尔（Newell）[1]认为追加反馈是对动作学习的重大影响因素。华莱士和翰格勒（1979）用实验证明，追加反馈能够提升复杂动作技能的学习。梅吉尔和伍兹（1986）也进行了实验，发现不同学习阶段有不同的效果，在早期阶段定性追加反馈效果更加出色，而掌握基本技能后，定量追加反馈则更有效。国内体育教学中关于这一部分学习反馈的研究也相对较多，主要集中在追加反馈作用、反馈频率、反馈手段、反馈时机等方面[2]。从反馈方法分类上，吴冰（2005）[3]归纳动作技能的反馈方法有听觉、视觉、动觉。在操作方法上，夏秀祯（1996）[4]发现"录像反馈"对运动技能学习具有明显促进作用。汤翠翠等（2010）[5]认为通过简单技能降低反馈频

---

[1] Newell K. M. Motor learning without Knowledge of results through the development of a response recognition mechanism [J]. Journal of Motor Behavior, 1976, 8: 209-217.

[2] 莫磊, 万茹. 国内外动作技能学习研究述评 [J]. 科技信息, 2009 (30): 396-397.

[3] 吴冰. 动作技能反馈在体育教学中应用的探讨 [J]. 长春师范大学学报, 2005, 24 (11): 122-123.

[4] 夏秀祯. 以录像科技探讨及分析"反馈"在体育教学中的应用 [J]. 天津体育学院学报, 1996, 11 (4): 78-82.

[5] 汤翠翠, 王树明. 动作技能学习中追加反馈的研究综述 [J]. 四川体育科学, 2010 (4): 58-62.

率、复杂技能增加反馈频率的操作对动作技能学习更好。杨鸣亮和陈敬（2015）[1]则对反馈中的记忆巩固进行研究，认为离线学习和记忆稳定可以同时作用，睡眠促进离线学习。总的来看，反馈研究主要对学习的阶段性和最终结果呈现进行了细致的考察，并且纳入了很多研究工具。

（四）学习迁移研究

王穗苹（1997）[2]总结分为两侧性迁移、部分整体迁移、改变动作的速度与幅度对动作技能迁移、不同练习情景与迁移、负迁移。两侧性迁移研究认为一侧肢体掌握动作技能后，会迁移到另一侧，是其中最主要的部分。斯威夫特（Swift）单手抛接球实验、埃韦特（Ewert）的镜画实验、库克（Cook）的追踪实验、安森（Anson）的投箭想象、膝关节伸展等证明了这一点[3]。可以看出，迁移研究与生理学结合得较为紧密，通过探究人体机理来进行实验，延伸了研究的范围。

总之，在中观学习研究领域，涌现了大量极富价值的研究，既有静态的区分，也有动态的追踪，既有从过程入手，也有从最终表现反推，并且其中很大部分是对宏观理论的具体深入探讨，同时也有一些研究结合其他学科得到了实证层面的成果，这为微观层面的动作技能的体育教学及与身体健康的关系研究提供了丰富的资源。

四、微观层面：动作技能与身体健康

宏大的理论需要运用于实践教学中才能发挥作用。我们重点关注的是

---

[1] 杨鸣亮，陈敬.记忆巩固：动作技能学习研究热点与展望[J].成都体育学院学报，2015，41（4）：38-44.
[2] 王穗苹.动作技能学习的迁移研究[J].华南师范大学学报：社会科学版，1997（6）：65-70.
[3] 刘江南.运动技能两侧性迁移及其机制的研究[D].广州：华南师范大学，2004.

动作技能的体育教学以及由此发现的与身体健康之间的逻辑关系。学术界在此方面的研究主要是引入动作技能的理论并消化吸收，而一线教师的研究则结合具体体育运动项目，通过实验法进行实证研究，得到一手数据。

（一）理论角度对动作技能体育教学的研究

理论层面基本上是在宏观理论的指导下，采用在中观研究领域得出的结论，与体育教学进一步结合得到研究结果，具有理论指导性和实践可操作性。常芹、殷荣宾（2011）[1]研究发现身体素质的阶段性和不平衡性、动作技能的递进性的特点，动作技能要循序渐进才能有助于身体健康。徐仁龙等（1999）[2]则从反馈入手，发现反馈促进体育教学效果，进而对学生健康产生积极作用。郭萍（2007）[3]认为动作技能与心智技能相辅相成，才能达到身心健康。孙丽华（2006）[4]强调练习，从运动技能形成的多样性出发，阐释了练习的作用。可见，理论层面基本上是在宏观理论的指导下，采用在中观研究领域得出的结论，与体育教学进一步结合得到研究结果。

（二）实证角度对动作技能体育教学的研究

许崇高（1992）[5]以田径体育为切入口，分析了程序教学模式的

---

[1] 常芹，殷荣宾.动作技能发展对我国体育课程教学的影响研究[J].南京体育学院学报，2011, 10（3）：79-81.
[2] 徐仁龙，李云德，于海波.体育教学中的动作技能反馈刍议[J].哈尔滨体育学院学报，1999（2）：31-32.
[3] 郭萍.浅谈高校体育动作技能的教学[J].新课程研究：职业教育，2007（12）：59-60.
[4] 孙丽华.关于体育运动中"运动技能"的形成、迁移与干扰的理论研究[J].吉林师范大学学报，2006, 27（1）：108-110.
[5] 许崇高.田径技术教学方法与模式的研究综述[J].西安体育学院学报，1992（3）：15-22.

系统方法。骆建等（2005）[1]通过实证更新了传统观点，提出了对运动技能形成的三个阶段的质疑，并从生理和心理角度分析错误动作的产生，以及因此导致的健康损害。朱建峰（2010）[2]也通过实证研究发现体育教学的效果、和谐、互动、清晰度等多维性特征。大多实证非常贴合教学实际，但是研究者也发现国内此类研究与理论脱节的问题。研究者很少能用理论进行实证路径指导或者对理论进行反馈修正，也缺乏更为大样本的比较或者跟踪研究。

国外针对此方面的教育研究主要与各国国情有关。根据刘亚斌（2013）[3]的归纳，目前有三大主导模式：以美国为代表的辅导型动作技能教育，以日本为代表的终身型动作技能教育，以及以德国为代表的生产型动作技能教育。辅导型教育更加注重学生的积极参与和快乐学习，终身型更加注重动作技能习得的长远性，而生产型则更注重最终效果。国内体育教育立足于青少年的身心健康，需要采各家之长，全面提升学生参与的积极性、过程的快乐性、效果的优良率、后期的再参与度。

五、小结

动作技能的形成理论早期以心理学为基础，现已发展成一个集行为学、生理学、体育学等于一体的庞大的交叉学科理论群，也是一项具有十分丰厚挖掘量的实证项目。青少年动作技能研究体现了该领域发展的多学科价值，为今后研究奠定了一定的交叉学科理论基础。

---

[1] 骆建，陈广勇.田径技术教学中学生产生错误动作的原因及运动技能能力提高的干扰因素[J].北京体育大学学报，2005，28（12）：1684-1686.
[2] 朱建峰.普通高校体育教师教学效果评价结构研究[J].北京体育大学学报，2010（7）：88-90.
[3] 刘亚斌.动作要素在体育教学中的应用性研究[D].呼和浩特：内蒙古师范大学，2013.

国外对此的研究从心理学到多学科交叉，已具备比较成熟的形态；国内研究则主要是吸收借鉴国外的成熟理论，在多学科交叉的领域涉足较少。在中观学习研究方面，国内研究取得了丰富的成果，但是对于体育教学的指导则较为匮乏，甚至存在实验与理论脱节的现象，这明显表现在实证研究方面。除此之外，实证研究也主要是小样本的个别体育运动抽样实验，虽然对其与身体健康之间的关系有一定的研究，但是缺乏比较系统的综合实验研究，尤其是对于动作技能与身体健康的关系的推导过程过于简略，缺乏严谨的逻辑推演，结论忽略了中间各种变量的影响。因此，在实证层面，今后的研究一方面需要更为紧密地结合理论，另一方面需要有更为严谨的实验设计以及过程推导，推动动作技能与身体健康方面的研究。

第二章　动作技能学习与发展的哲学审视

动作技能由人来实现并且目的是人的生命健康活动，同时也是体育运动中的核心内容，其不仅与运动者的主体紧密相关，而且与客观事物的运动规律不可分割，主客之间的关系构成了体育运动实践和动作技能的两个主要方面，二者关系的协调发展对人们科学锻炼、增进健康有着重要影响。在当前，对动作技能的研究倾向于割裂人与外在的联系、割裂主客之间的统一关联的方向，这虽然从一定程度上促进了动作技能的研究与发展，却往往损害了动作技能研究的应有之义与本质目的，对此，我们将进一步梳理、分析并回应这一问题。

在理论史上，动作技能的研究经历了四个重要的发展阶段，现如今，大家通常认为"动作技能"是指人体在活动过程中掌握和有效地完成专门动作的能力。在心理学与生理学看来，动作技能包括"大脑皮层主导下的不同肌群间的协调性"，也即动作技能是指在一定的时空内大脑控制肌肉收缩的能力，并通过力量和速度来完成动作。动作技能的学习与发展是学习者与教学者需要共同面对的课题，教学者如何能让学习者科学有效地掌握运动技能、如何能够促进人的健康全面发展是理论研究的核心问题，围绕于此，动作技能的理论研究者们给出了不同的回答。

在科学方法论大行其道的研究环境下，动作技能的学习与发展也受制于其中，因而在理论上出现了动作技能研究的"终结论"，在现实中出现了动作技能教学与学习的"瓶颈"。通过哲学视角的反思，我们认为动作技能的研究非但没有终结，而且有很多角度可以探索，在研究中，除了运用科学与技术手段来推进动作技能的研究与应用，更为重要的是呼唤人的主体性，唤醒青少年生命价值的激情，不再以教条的方式强迫青少年进行体育锻炼，从而扭转动作技能学习与发展的僵化状态，以回归动作技能研究的初心和本质。本部分反思人的全面发展与动作技能的关系，审视人与体育科学技术之间的关系，呼唤人在动作技能学习发展中的主体地位，更好地促进当代动作技能的教学、应用与研究，为人的生命健康发展提供更全面的可持续发展路径。

一、探索与构建：动作技能的理论辨析

起初，对动作技能的研究属于认知心理学的范畴，在20世纪中叶之后，《技能的获得》的作者比劳德奥使得动作技能（也即运动技能）成为专门的研究对象，心理学家亚当斯（Adams，1971）提出的闭环理论使此研究趋于成熟，施密特（Schmidt，1975）提出的图式理论进一步发展了动作技能的闭环理论。巴克雷和纽维尔（Barclay，Newell，1982）将施密特的图式理论发展为图式的层次结构理论。与以上认知心理学和认知结构理论不同的是辛格（R.N. Singer，1978）提出的信息论，他用信息数据化的方式研究动作技能，将心理因素转化为数字、编码等方式进行更为具体的研究。

（一）联结理论与习惯论

人如何获得动作技能是研究者们所关心的核心问题。从巴普洛夫的联结理论开始，"泛化"和"内抑制"学说就构成了整个认知心理学的基础，其将人的主观意识与具体的心理内在因素联接进行研究，为动作技能的认知心理学方面研究打下了重要基础。"泛化"，在巴浦洛夫的理论中，是对人的基本状态进行的一种假设，其假设人在一般状态下处于未被刺激的状态，"任何一个刺激一旦成为条件刺激时，在初期不仅本身能引起条件反射，就是和它相似的刺激也会产生条件反射的这种效

果[1]。"刺激形成习惯，受大脑皮层的控制对刺激形成反应与抑制，从而由部分进入整体的系统反应，逐步联合成整体。"内抑制"，起到了反应和控制的作用，"在一定的条件下使原来在条件刺激作用下出现过兴奋过程的那些皮层细胞有条件地加以抑制。"通过大脑与中枢系统，"内抑制"得以形成，从而将条件反射的刺激反应进行加工整理，进而成为一个完整的动作。

基于巴普洛夫的原理，加加耶娃（苏联，1952）提出了以心理学与物理学为基础的联结理论，其认为动作技能的获得有三个环节：①局部动作的形成与学习阶段；②从局部到整体的掌握阶段；③动作技能的完善与协调阶段。加加耶娃将巴浦洛夫的理论具体运用于学习实践，实现了动作技能学习的具体实现，然而其从局部到整体的方法未能对局部动作进行更深入的考察，并未考量人的主观能动性在动作学习过程中的作用。行为主义者们进一步发展联结理论，从而主张"习惯论"，即人们常说的"熟能生巧"，通过不断的锻炼和练习便可以学习动作技能，这在某种程度上激发了人的主观能动性，然而却难以解释较高难度级别动作的学习。习惯论和联结论都为动作技能的学习提供了理论和实践的基础，但是对于动作技能的进一步发展未能做出合理解释。

（二）闭环理论与图式理论

闭环理论的提出，在某种程度上对习惯论和联结论的问题进行了回应。亚当斯从记忆和理性的角度说明动作技能的学习是基于"知觉痕迹－记忆痕迹"，通过练习可以形成知觉痕迹，形成参照从而对动作进行修正，记忆痕迹则影响人的主观选择和发动作用。尽管亚当斯想用记忆与反思来弥补主观能动性的缺失，但是由于其缺乏科学实验依据，没

---

[1]李振波.动作技能学习理论述评[J].职教通讯，1998（8）：30-32.

法对知觉痕迹和记忆痕迹做证明,并且不能解释快速习得的动作技能,对新的异常情形无法做出合理解释。对此,施密特提出的图式理论将亚当斯的理论具体图式化,从而展现了具体细节内容的动作技能学习结构。将动作技能的学习进行结构化固然提供了较好的解释与实践模式,但对于心理练习和观察性学习以及理性反思的层面又解释不足。

(三)观察学习理论与信息加工论

由班杜拉提出的观察学习理论是对图式理论的进一步发展,班杜拉批评"行为主义者忽视了认知功能是引起人的行为的决定因素之一,人是有思想的有机体,具有给自己提供某种自我指导力量的潜能[1]。"由此,班杜拉提出"观察学习法",即"人们通过观察他人的行为,获得示范行为的象征性表象,并引导学习者做出与之相对应的行为过程[2]。"不论是体育学还是社会学等学科,观察学习法都是重要的学习方法,"观察学习所强调的注意、保持、再现、动机四过程相互协调、相互联系并相互交叉地统一在完整的体育技能学习过程中,与体育技能相吻合[3]。"观察学习理论进一步完善结构主义的图式理论,使得动作技能的学习更具有灵活性和自主性,并且有助于在学习动作技能的过程中进一步发展动作技能,从整体性的角度直接学习和发展运动技能。

信息论加工理论的提出者辛格则认为用数据信息、编码成条、控制加工等研究动作技能的学习和发展。其运用数据信息的编码方式,并设定预期目标,使得学习者可以按照既定的线索进行学习探索,在学习

---

[1] 施良方. 学习论:学习心理学的理论与原理 [M]. 北京:人民教育出版社, 1994.
[2] 韩进之. 教育心理学纲要 [M]. 北京:人民教育出版社, 1989.
[3] 林呈生. 班杜拉"观察学习理论"与体育技能学习 [J]. 福建师大学报, 1996 (3):107–111.

中也可以重新设定预期，从而使得主体的学习与客观预期处于动态的过程，但又以编码的方式使不同的阶段得以保存。但是，对于主体对信息的加工和对预期的不同判断，也给信息加工论提出了挑战，但不可否认的是，信息加工论和观察学习论都更强调主体的能动作用。

（四）动作技能学习与发展的研究路径

从上述对动作技能学习与发展的研究脉络来看，可以归纳出四个特点：

第一，无论是从认知心理学的角度，还是从行为主义和结构主义的角度，都是从动作技能的内部因素来进行研究，而没有从总体性的视角来对运动技能做出探索。所谓总体性的视角，即从历史、社会、发展的眼光来看待运动技能的学习与发展，以上理论仅从认知心理和生物神经学的角度对人的动作技能学习进行研究，其丧失了对人的社会性的考量，把人当作动物一般的存在进行分析，这就导致对人的片面把握，难免有失偏颇。

第二，习惯论与联结理论开辟了对动作技能研究的基础，闭环理论与图式理论虽然对前者理论进行了补充与发展，但仍然不能解决主体的随机性因素所产生的新异运动技能等问题。观察学习理论和信息加工理论虽然在一定程度上对新异问题以及主观能动性有所回应，但仍未能指明动作技能的学习与发展之间的内在联系。

第三，对于动作技能而言，认知心理学和行为主义等从个体的因素进行研究，但对运动本身所具有的规律缺乏考察，从而忽视了客观外在的规律，仅从主体的方面在探讨动作技能的可能性与现实性。动作技能必须遵守一定的物理学以及人体自身的物理性规定，即使个体的机能十分强大，但仍然不能超越一般物理定律来实现新异的动作技能。

第四，就动作技能主体而言，儿童、成人、老年人之间的区别是不容忽视的，在人类社会发展过程，人类经历了从简单到复杂的劳动过程，这一历史过程为动作技能的形成和理解提供了充足的材料。正如人们所知，动作技能的学习与发展是一个学术领域，但它也是人类至今都经历的一个过程。所以，对动作技能的研究，要在主客体关系的辩证关系中探寻动作技能学习的规律，这对促进我国动作技能的研究以及促进人们身体健康发展具有重要意义。

在1982—2000年这一时期，一种动态系统的理论在信息加工理论之上建立了更加不确定性的研究，这种对不确定性的控制与研究打破了以往对确定性寻求根基的理论样态。从哲学出发，有机体的思想也被引入动作技能的研究之中，并且这一新理论运用"生物学、物理学热动力学的原理以及中枢神经系统在动作控制中的作用。在方法上，既有根据动态理论决定的或使用动态模型的研究，也有仅是从这一角度来解释实验数据的研究[1]。"这种方法延续至今，成为动作技能研究的盛行理论。尽管认知心理学等一系列心理学研究对动作技能的研究已十分深入，但其站在科学客观的角度还具有一定片面性，从哲学的角度出发，我们将探讨：什么是动作技能学习与发展？为什么需要有动作技能的学习与发展？动作技能研究的内容是什么？从这些问题出发，我们将进一步反思认知心理学、行为和结构主义所具有的不足。

二、反思与解构：心物二元关系下的动作技能

心物二元是哲学中重要的基本问题，因为人和外部世界关系的认识影响着我们的世界观，认识清楚人与世界的关系对人的活动具有重要影响，而动作技能的学习与发展也离不开对这一问题的思考。动作技能的学习与发展，指"在一段时期内，多种因素交互作用产生的一个复杂过程[2]"。例如，我们在观察一名青少年学生的运动过程中，将会看到

---

[1] Greg Payne, 耿培新, 梁国立, 等. 人类动作发展概论[M]. 北京：人民教育出版社, 2008.
[2] 同上.

其因多种综合因素而形成独特的动作技能,并且这些动作技能将伴随其成长而变化与发展。动作技能是复杂的动态过程,所以核心的问题就在于:主体如何能够对客观事物形成正确的认识并加以掌握?人们在二元论的思考方式支配下,往往将动作技能在研究过程中剥离于具体的人,从而形成了抽象的思维方式。对此,我们需要通过哲学的视角来反思动作技能的学习与发展。

(一)作为实践活动内容的动作技能

实践,作为人类所特有的本质活动,是人区别于动物的重要特征。人类通过实践活动创造了人类社会和人类历史,人在实践中证明了人的主观能动性和客观规律。"在实践过程中,人之所以能够把观念存在变成现实存在,就因为他是作为感性实体去与感性对象发生关系,并以和感性对象相同的方式作用于外部感性对象的[1]。"人通过实践确证自身的存在方式,在客观对象的基础上发挥主观性,从而形成真实有效的活动,在此活动中,"知行合一"是成功实践的重要标准。

第一,动作技能的历史根植于人类的实践活动。从基础的生活和生产的需要来看,掌握劳动动作技能成为生存的重要手段,正确的劳动技能将使人们能够更好地生活;随着社会生产力和生产方式的发展,动作技能也逐渐从生产活动中脱离出来,主要是从农业社会转向工业社会的过程中分离出来。同时,随着机器代替人的劳动,机器成为劳动技能的主体,由标准化的机械运动代替了无标准的手工劳动,人类的动作技能就此从生产领域转向生活领域,因为动作技能不仅对生产有重要的影响,而且对于人类的品格培育和精神培养具有重要的意义。

第二,作为实践活动的动作技能依靠主体与客体的联结才得以完成。在哲学史上,对于实践的思考并非只有一家之言,而是经历了激烈

---

[1] 肖前.马克思主义哲学原理[M].北京:中国人民大学出版社,1998.

的争辩与发展，对社会经济、政治、文化、科学与体育等发展产生了重要影响。在主客二分的近代哲学框架中，感性的主体与理性的客体之间始终存在着一道鸿沟，如何消除这道鸿沟成为许多哲学家要解决的难题。康德从主观意志支配自主活动来理解，将实践看作是理性自主的道德活动，通过设定物自体，将现象与本质区分开，使得人与物之间产生了一条无法逾越的鸿沟，主体就此成为近代哲学重要的基础；费希特则更进一步，从人的主观自我意识出发，由自我设定非我，将实践扩展为理性的地盘，赋予实践以创造性；黑格尔则将"实践理解为主观改造客观对象的创造性的精神活动[1]。"由此，实践成为了精神活动重要的环节，主体进一步被放大。与朴素的经验唯物主义相比，主观与客观的唯心主义都强调主客二分之后的统一，而经验论则基于人类经验来构建认识论，在承认客观世界第一性的基础上，对主体的认识建立了牢固的基础。

在马克思的实践观产生之前，唯物论和唯心论处于对立之中。马克思从劳动实践出发，将物质生产作为认识论的基础，从而将二者的对立统一于物质生产的实践活动。物质生产出的现实表明了人类的实践活动能力，其中不仅体现了主体的主观意志，而且也注重了客观世界自身的规律，从而超越了主客二元论，由于人是灵与肉的结合体，回归人本身首先就要消除二元对立论。动作技能的实现表明了人的实践活动如何实现，即便动作技能已不在劳动生产意义上发挥作用，但是其在本质上仍然是人实践活动的重要内容。

（二）动作技能学习的主客关系

动作技能的实现离不开主客的和谐共在，在主客之间的某一方面有失偏颇都将导致动作技能学习的失败。在动作技能的研究产生之前，人

---

[1] 肖前. 马克思主义哲学原理 [M]. 北京：中国人民大学出版社，1998.

类已经具备许多基础性的实践活动，基于人类活动的历史，动作技能的学习与发展并非是无本无根，基于历史条件和不同的时代环境。动作技能所呈现的动作，一方面体现了主体的主观意识，另一方面体现了客观的运动规律，二者共同构成了动作技能的主要原因，离开某一方的运动技能都将丧失其本质。

动作技能若是没有主体的主观意识进行思考，其不过是本能的一种反应，就如"膝跳反应"等非条件反射一样。没有主体理性进行参与的动作是基于人体所具有的先天自然条件所形成的动作，由于大脑没有对动作进行加工，所以其并不能成为一项"技能"，而只能是完成了一项动作。但是，基本的反映能力却构成了理性反思的对象，正因为动作具有因果性，人才能通过反思动作的生成过程，从而形成动作技能。

人的内心认知结构和肉体的物理反应之间的关系构成了研究的重点，机械地将二者区分可以促进研究，但也会阻碍研究。秉承"更快、更高、更强"的奥运理念，体育竞技运动在全世界获得广泛支持和关注，动作技能的研究与发展促进了竞技运动的不断提升，从体能到技巧的不断推进促使人类不断突破极限，但同时也频发兴奋剂等丑闻事件。动作技能的练习与发展要在主客共同发展的前提下才能得以实现，仅是体能上的进步无法提升动作技能，同样，仅是在主观的理性思考上进步也无法直接学习和发展动作技能。

从实践哲学的角度出发，动作技能的学习与发展要基于主客之间全面动态的考察，从而避免两种倾向：一是纯心理学和生理学等科学研究；二是过于强调人的主观意识能力。动作技能的学习与发展应基于主体的自身状况，进而选择适当的客观方式进行动作技能的学习与发展。

（三）动作技能的"终结论"与体育精神的缺失

近年来，科技进步对于提高动作技能产生了重要影响，许多科技手段逐步帮助人们的动作技能获得提升。然而，借用科技手段发展动作技能使得竞技体育运动所具有的主观性逐步丧失，运动员多借以先进的运动器材与科技手段提升动作技能，而丧失对体育理念的正解，因而有学者提出："如果对科技不设限、不设防，任由科技支配身体去完成所谓的'更快、更高、更强'，或许我们可以说竞技体育就要进入终结时代了[1]。"

竞技体育运动集中反映了现代人类的动作技能，然而由于科技的"僭越"，竞技体育受到了强大外部力量的引导，以至于产生了"动作技能的终结论"。由于科技手段对于动作技能而言只是从客观的角度进行发展，所以动作技能只是片面"被发展"，而没有得以全面的发展，也正是由于科技手段，动作技能的提升在现代条件下越发凸显单一，以至于在形式和内容上都走向"终结"。

科技的进步给动作技能带来了一定益处，但并不能只依靠科技手段来促进动作技能的研究与发展，因为只注重科技而忽视人本身，将导致研究目的与过程的本末倒置。具体来看，就某一项竞技比赛而言，借用科技手段可以提升成绩从而获得好的名次，却忽视了对动作技能和体育精神的本质意义，研究和发展动作技能最终只为了谋利，从而必然使其走向终结。显然，动作技能的学习与发展不是为了谋利，而人的全面发展才是动作技能学习与发展的应有之意，所以坚持以人为本的动作技能发展观才是对动作技能的正解。

在现代科技手段发展以及社会工业化的情况下，人与体育运动的各方面产生了异化，人们日益缺乏体育的精神，而成为体育的奴隶。按照马克思在《1844年经济学哲学手稿》中所提出的"异化"概念，表明人与对象之间产生了颠倒，人在与对象的关系中丧失了人的主体性，从而产生了异化。在如今的体育界，我们也发现，人与体育对象、人与运动本身、人与类本质、人与人之间产生了异化。具体表现在以下四个方面：

---

[1] 李传奇，田雨普. 回归身体——竞技体育的呼唤[J]. 体育学刊，2011，18（2）：27-30.

第一，人与新的体育科技发生了异化。新的科技赋予了体育装备更高的性能和安全性，新的工艺使这些装备越来越注重个性化的设计，各种商业的体育产品充斥在我们运动环境周围，四处可见各种体育产品的广告。运动员、青少年等群体也都争相购买新的产品和高性能产品，似乎消费体育产品成为了人们参与体育运动的主要方式。与此同时，我们看到越来越多的运动员被爆出训练懒惰、不认真、不听教练话等丑闻，越来越多的青少年也依赖于此而不认真练习和提升动作技能，这种本末倒置的异化现象不容忽视。

第二，人同运动本身的异化。运动本身是为了人、提升人的健康的，但是越来越多的人为了运动而运动，不顾惜自身的健康，为了外界的金钱、名誉等诱惑，反而疯狂锻炼以及使用违禁药物等，这些都是人违背运动初心而产生的异化，不仅没有使运动发挥其应有之意，反而造成了人的人格和尊严的丧失。

第三，人与其类本质的异化。这一点主要体现在教练与运动员、教员与青少年之间，二者之间不仅没有因为运动而改善关系，反而常常陷入敌对的状态，有的教练与运动员、教员与青少年之间关系冷漠，甚至是互相敌视，青少年之间也出现了小团体之间的敌对，比如队员之间拉帮结派，技能优良的学生不与技能一般的学生一起活动等状况。

第四，人与人之间在体育运动方面的异化。体育运动最重要的功能之一是维系和改善人际交流的单一性，友谊是第一位的，但是如今比赛、竞争成为了"主旋律"，青少年以成绩为目的，运动员以金牌为目的，这种现状蔚然成风，使得人与人之间的关系不仅没有改善，反而陷入了更为恶劣的境遇，互相诋毁和伤害他人，引发了更多矛盾。

三、回归与重构：动作技能与人的全面发展

人的全面发展离不开"德、智、体、美、劳"等发展，动作技能从不同方面涵盖了这五项。人在学习动作技能时不仅能锻炼自身的身体，

同时也能磨炼人格和意志、提升反思能力和智力,进入更高阶段后,还会有着某种程度对美的追求和体验,在习得动作技能后,人们将投入新的实践活动中。在现代社会的体育运动中,通过投机取巧的方式获得运动技能时常发生,利用科技手段和药物手段等提升运动技能的事件层出不穷,这种为了成绩而发展的运动技能,丧失了对人身体和尊严的尊重。

(一)生命活动与动作技能的学习发展

人作为世界上高级的生命体,其生命的活动十分丰富,不仅在物理意义上有着众多复杂的动作,而且在精神层面上有着独特的活动,这两者都是人类生命活动的重要特征。人的生命活动在体育运动中得到了完整的实现,体育运动不仅体现了人的自然本能活动,而且也体现了人的精神思想活动。例如,在羽毛球运动中,球员在场上除了"走、跑、跳、投"等基本动作,还包括了在场上组织球路和快速的击球反应,通过步伐、判断、手法、力量等将球控制在自己想要的落点处。

人的生命活动表现为运动,运动是人类肉体的本能。从人类诞生之初,生命活动就从未停止,从最简单的动作到复杂的动作,人类在自然的演变和动物界的争斗中逐步学会了多种技能,并且依靠理性的思维能力成为文明的创造者,摆脱了野蛮和粗俗。体育运动的出现,是人类文明的重要标志,也是人类特有的文化活动,而对动作技能的学习与发展也是人类文明进步的重要指标。

人的生命活动离不开动作技能的学习与发展:一方面,人在劳动的动作技能指导下获得发展生命活动的物质基础;另一方面,人通过动作技能的学习与发展获得文明进步的动力。动作技能离开人的生命活动是简单的机械行为,而依赖于纯粹的技术和药物手段,则是对生命活动的否定,同时也是对人类尊严的伤害。所以,就动作技能的本质来看,人类的生命活动是动作技能产生的基础,反之,运用动作技能是生命活动得以延续和发展的重要途径。

（二）身体健康与动作技能的学习发展

人类的身体是哲学思考的重要对象。人类的身体是人的生命活动的重要基础，而人体则经历了长期的进化，实现了从爬行到直立到会"走、跑、跳、投"等活动。人类的身体也随着自身的需求在发生变化，内部的器官也随气候的变化产生适应性变化。由此来看，人类的身体是人能进行活动的重要基础。

人保持良好的身体状态对于动作技能学习发展有着重要的基础性作用。没有良好的身体，人就不能够进行正常的活动，不论是体力活动还是脑力活动都离不开一个健康的身体。一般而言，动作技能的学习发展依赖于人正常的生命机体，人的身体若是出现了问题，那么就会对一项动作技能的驾驭有所偏颇，甚至无法学习某项动作技能；同时，人的身体健康还包含大脑等器质的健康，比如记忆功能，而记忆以及感知功能受损会严重影响动作技能的学习与发展。

体育运动唤醒人类的身体运动，同时唤醒人类对于规律的探索与追求。身体的健康不仅指肉体上的无病害，还指向心理上的健康与强大，只有强健的体魄加上健康积极的思想才是全面的身体健康，基于此，人们才能更好地进行动作技能的学习与发展。身体的哲学在体育运动中得以展现，动作技能的学习与发展离不开体育运动的进步，也离不开人的身体与生命哲学。身体的健康与动作技能相互作用、相互影响，没有健康的身体就难以进行动作技能的学习发展，没有动作技能的学习发展也就难以维持健康的体魄与心灵。

（三）全面发展与动作技能的学习发展

对动作技能的研究离不开对体育运动的理解和看法，德国哲学家雅斯贝尔斯（Karl Theodor Jaspers，1883—1969）曾说："自我保存的冲动，作为生命力的一种形式，在体育运动中为自己找到了发挥场所；作为直接生命需要的一种遗迹，在训练中、在能力的全面性以及运动的灵巧性中得到满足。通过受意志控制的肉体活动，力量和勇气得到了保存，而且，追求同自然的接触的个人更接近了宇宙的基本力量[1]。"这段话表明体育运动作为人的生命力形式体现了人的存在，而动作技能的学习与发展满足了人的生命需要，并且人在运动实践中体现了主观意志同客观规律之间的和谐统一。

随着现代社会兴起，社会分工精细化时代的到来，体育类别也呈现出精细化的发展。我们看到，在农业机械化与工业自动化生产越来越高的情况下，现代都市生活圈中的人们更多的是从事脑力劳动，而无法进行直接的体力劳动。因此，体育运动逐步替代了劳动促进人全面发展重要性的地位。体育运动伴随着生产力和社会的发展，从古典形式发展至现代形式，从直接与劳动、军事相关到与生命健康相关，从培育体力到培育精神品格。与此同时，动作技能的训练出现了精细化、科学化的发展态势，人们越来越注重动作技能学习与发展的科学化探索，从心理学、社会学、教育学等角度对动作技能的研究越来越广泛和深入，然而，"即使体育运动给合理化的生活秩序设下了界限，仅仅通过体育，人还是不能赢得自由。仅仅通过保持身体的健康，仅仅通过在生命勇气上的升华，仅仅通过认真地'参加游戏'并不能够克服丧失自我的危险[2]。"

体育运动深受社会环境的影响，动作技能的学习与发展深受时代的影响。在分工精细的社会，不同岗位上的人们的技能逐步精细单一，这将动作的部分与整体相割裂，人们难以在工作中重获全面发展和自由，而体育运动可以促使人们在肉体和精神上获得更为全面的发展，进而对

---

[1] 卡尔·雅斯贝尔斯.时代的精神状况[M].王德峰，译.上海：上海译文出版社，1997.
[2] 同上.

人的存在论问题做出实际的回应，同时避免在沉沦的环境中丧失自我。所以，动作技能的学习与发展需要通过哲学的反思以明确自身的目的，从以人为本的基点、人的全面发展要求出发，提出学习与发展动作技能的合理建议，推动动作技能的研究，从而为人类保持健康身心、和谐生活、可持续发展做出努力。

四、小结

动作技能的研究长期处于心理学科学的范围内，侧重将研究置于物理性质的因果联系中，其促进了动作技能具体机制的研究，但也导致缺乏对动作技能全面的动态考察以及对动作技能本质的清楚认识。从心物二元问题和身心健康关系等哲学视角出发，处理好动作技能的主客关系是促进动作技能教学与研究的关键，而只有坚持以人为本的基本立场和促进人的全面发展的发展观，才能处理好心物二元、身心分离之间的问题，从而促进动作技能的学习与发展、提升人类的实践能力、促进人与自然和谐相处，推动当代体育文化事业的进一步繁荣发展。

第三章　动作技能发展的影响因素

基础的动作技能虽然会随着年龄的增长自发地形成，但众多研究表明，动作技能的形成存在着个体差异，不同的个体对动作技能的掌握程度受着多方面的影响，诸如智力状况、身体素质水平、学习动机、年龄、性别、认知水平、动作技能的难度、家庭环境、教师、人际关系等因素。我们尝试从个体内部与环境外部两方面对影响动作技能的发展进行深入探索，期望从中得出促进动作技能发展的策略。

一、影响动作技能发展的主体因素

（一）生物遗传

人类动作技能的形成与发展是由先天遗传和后天培养共同构成的。人类会本能的掌握一部分基础的运动能力，而另一部分则是在后天性的培养与生活环境中逐步形成的[1]。随着现代遗传学的推进，人们逐渐认识到每个个体都存在着不同的生物遗传特征，在动作学习的过程中与生具有的能力对动作技能的发展起到重要作用。通过遗传获得的能力一般很难通过后天的训练有所改变。这些与生具有的能力是个体进行动作技能学习的基石，如感知觉、身高、器官、人体结构、反应速度等，先天遗传能力在一定程度上影响着动作技能的产生与反馈、感知器官、控制机能、动作的组织与规划等方面。每一个个体的先天生物遗传能力对其在完成某一类具体动作时是十分重要的。例如短跑和跳远运动员需要

---

[1] 李艳鸽.天赋理论最新发展研究[D].武汉：华中师范大学.2013.

强大的下肢爆发力以及协调性,而射击运动员则需要高度的专注力和优秀的视力。由此可见,如一个人先天就具备某类项目的高水平能力,在完成这类项目时,他的领悟能力与动作表现会大大超过那些不具备此类能力或低水平先天能力的人。这也是为什么竞技体育需要很高的天赋,仅仅凭借努力是很难达到世界顶尖水准的。

先天所具有的能力一般是通过遗传获得的,而动作技能则是在我们的生活过程中不断获取的,是一种后天获得性的能力,是通过不断训练的结果。获取过奥运冠军的运动员,他们都拥有特定项目的高水平运动天赋,并在不断的练习中强化此优势,才会创造优异的成绩。奥运冠军游泳名将孙杨,虽具有优异的爆发力和极佳的身体形态,但仍要进行大量的后天体能训练和专项技能训练。

与生俱来的能力不仅影响着动作技能发展的速度,也影响着动作技能表现出的质量。我们可以在一定程度上通过评测其先天遗传的能力来预测运动员的发展潜力。那么,作为一名体育从业者,应该了解的人体遗传能力有哪些方面呢?首先,从基因层面了解遗传对运动技能的习得产生的影响。神经系统是应该关注的重点,它具有很高的遗传度,并在一定程度上保障着人体动作技能的信息处理与动作控制,强大的神经系统是动作技能完成的基石。其次,在进行体育教学与训练之前,要充分了解动作学习者的某类动作天赋差异,并结合动作学习者不同的先天优势帮助他们选择更适合自己的运动项目。第三,在体育教学中不仅要认识到学生先天的优势,且还要能发现其先天的劣势,这样才能充分体现区别对待原则,为他们提供有效的指导与帮助。学生的身体形态、身体机能以及个性特征都是在动作技能教学中所要注意的重要因素,这些特征也都在很大程度上影响着人的动作技能的发展水平。

(二)年龄

无论是人类或者是动物,在出生之后,会自发的学习一些基础的动作技能。我们应了解人体随着生长发育动作技能的发展趋势。

婴儿期的身体构造呈现头重脚轻，重心较高，这使得婴儿的平衡感较差，由此可见，人体自身发育状态及身体结构是影响自身动作发展的主要因素。除此之外，父母在婴儿期的生活与教导方式也可能在一定程度上影响婴儿的发展。在这个时期，婴儿在逐步学习爬行、翻滚、站立、行走、吃饭等技能，使得精细动作技能得到了充分的发展，精细动作技能是指那些通过小肌肉或小肌肉群运动而产生的动作。在婴幼儿期，精细动作技能的发展可以使婴儿能够成功的伸手触摸某个物体，这是通过整合外部知觉和自身的动作而完成的，婴幼儿期的动作发展不仅影响着今后我们的书写和进食，而且会影响到我们今后对手指，脚趾等小关节运动的控制能力，因此，该时期动作技能的发展对婴幼儿期具有十分重大的意义。婴幼儿期的动作技能发展一般持续到其能够独立行动和独立进食，则进入了下一个动作技能的发展周期，即儿童期基本动作技能的发展。

儿童期的动作发展一般着重发展基本动作技能，而基本动作技能则由位移技能与物体控制技能所构成，位移技能通常用来表示个体在空间中进行位置移动的能力，在我们的日常生活中占据着重要的地位。对青少年而言，位移技能的发展在很大程度上影响着今后的生活、学习等，无论是简单的走、跑、跳，还是复杂的动作组合、各类体育项目都依赖于位移技能的发展，其重要性不言而喻。常见的位移技能通常包含走、跑、跳和滑步等。例如乌尔里希修订的TGMD-2其中的评定指标就包含了跑、单脚跳、侧滑步、前滑步、立定跳远和跨跳六个动作。物体控制技能则通常指操作和控制物体的能力，包含了投、击、踢和接等。TGMD-2中共列举了原地拍球、接球、击固定球、地滚球和上手投球五个评定指标来衡量物体控制技能的发展水平。儿童期的动作发展是决定个体整体动作发展的黄金时期，该时期主要是发展多种多样的基本动作技能，这些基本动作技能是今后学习更复杂的动作技能的基础，也是他们探索世界，获取知识的重要手段与途径。在儿童早期人们开始逐步探索世界，开始逐步尝试着模仿各种各样的动作技能。如果在此时辅以一定的教导或帮助，将对动作技能的发展产生很大的帮助。许多成年人运动能力低下，很大程度是由于基础动作发展时期缺乏有效的指导，基本动作技能没有得到应有的发展。在动作发展过程中，随着年龄的不断增长，动作技能的发展上也呈现出不同的年龄特征，如3~5岁时位移技能的发展较为迅速，能够做出基本的位移动作技能，走、跑、跳的技巧较为稳定，但协调性较差。6~7岁的动作技能发展的特征则为学习和运动成长中身体变化的自我，在身体形态上呈现快速发育的特征，但在动作发展方面则表现出协调性不佳的现象。该阶段发展动作技能的主要方向是学习、控制肢体、发展协调功能，使得躯体控制能力达到一定的熟练度（即能够随意的控制自身行动），因此，该阶段的儿童要学会尝试控制肢体、感知觉等，超过70%的学生在学习动作技能时会感到较为吃力。处于8~9岁阶段的儿童应强调动作技能完成的质量与形式，其身体形态的发育较为稳定，并出现重心下移的人体结构力学特征，这为动作的学习提供了最佳的发展。该年龄段儿童的各器官逐步适应身体的快速变化，使得个体动作技能的学习效果得到显著提升。10~11岁阶段的儿童体重的增加速度开始逐步超过身高的增加速度，神经系统发展迅速，专注度提高，肌肉力量得以提升，非常有利于动作的学习。12~14岁阶段的动作发展则呈现出基本动作技能向高阶动作技能的技术过渡，该阶段的心理、生理、社会特征开始逐步完善，动作学习所产生的暂时性神经联系也在不断练习中更加稳定。针对该年龄阶段个体的体育教学重点仍是提高动作的熟练程度，使神经系统与大脑皮质的纤维联系变得更加牢固，为今后学习更复杂的动作技能打下坚实的基础。15~20岁阶段的动作技能发展一方面呈现出比较稳定的特点，另一方面容易出现两极分化，即动作技能表现良好的个体会逐步走向更加稳定成熟的动作技能表现，而动作技能较差的个体表现出动作僵硬、动作不协调等。针对该阶段个体的体育教学应多从兴趣入手，从基础的动作技能入手，慢慢改善神经系统与大脑皮质的纤维联系，从而为规律健身奠定一定的动作技能基础。

（三）个性心理

动作技能的学习以及完成的质量与动作学习者的注意力、思维、信心、意志品质也有着很大程度的关联，尤其是那些高难度技术动作的学习更与心理品质有着不可分割的关系。

意志品质可以调节人的情感、增强自我修养，强大的意志力能够培养人们的独立性、果断性、坚定性、自控力，更容易取得成功。中长跑运动中遭遇极点时，有些人选择放弃，而有些人选择了坚持，坚持到底的人最终战胜了自己，也战胜了困难，这很大程度取决于其强大的意志力。人们在日常生活、工作和学习中难免遭遇各种困难，当面对困难时，强大的意志力会给予你坚持下去的决心，从而获得成功的机率大大提升。

个体的理想、动机与兴趣也在某种程度上影响着动作技能的学习效果。人们通常对自己感兴趣的事会付出加倍的努力，从中获得乐趣和满足。相反，如果人们对一件事提不起兴趣，没有参与的欲望，则这件事通常会对自身产生困扰，从而产生逆反心理，不愿尽心尽力的去完成。因此，在动作技能教学中，首先要加强教学的目的性和正确的价值观教育，其次要培养学生学习动作技能的兴趣，充分发挥他们在学习中的主体地位，最后还要能够正确运用三种驱动力：运用精神、物质、信息这三种动力，互相补充，扬长避短，激励学生学习的欲望，进而取得理想的学习效果。

运动员的气质类型在很大程度影响着运动员的技术风格。同一个技术，不同的运动员的表现也各不相同。气质类型对智力、思维的影响则主要体现在活动的性质和效率上。除此之外，气质类型也影响着运动员的心理反应速度、灵活程度。

性格对形成稳定的智力品质也有着重要的影响。在进行某种动作技能学习时，因人的性格不同，其行为方式和动作表现也各不相同，这才有了所谓的技术风格。性格内向的人兴奋过程对比抑制过程来说较短，难以持续很长时间，喜欢独处而不善交流。而性格外向的人则与此完全相反，这与动作技能的学习也有着密切的关联。性格外向的人相对于性格内向的人动机水平较高、更适于大运动量的活动，也更容易受到教师的引导。优秀运动员一般都具有强大的成功动机、自信、吃苦耐劳的精神，这是他们取得成功的重要组成因素。良好的个性品质，对动作技能的学习和掌握起着极大的促进作用。

（四）认知能力

皮亚杰提出了广为人知的认知发展心理学理论，他通过实证研究向我们揭示了认知与个体成长的关系。皮亚杰的认知发展理论可分为四个阶段，即感觉运动阶段（0~2岁）、前运算阶段（2~7岁）、具体运算阶段（7~11岁）和形式运算阶段（11岁及以上），他认为，在感觉运动阶段时，个体思维过程的出现，是其身体动作导致的，个体通过身体的活动来探索世界，从而获得客体永恒性。在前运算阶段，个体的语言能力发展较快，且喜爱模仿他人，渴望通过模仿他人来认识这个世界，其思维具有符号性、形象性、不可逆性、自我中心性等特征，难以理解什么是守恒，存在泛灵论的思维；在具体运算阶段，个体具有了一定的逻辑推理能力和逆向思维能力，具备非常明显的符号性、逻辑性，可以进行简单的逻辑推理，其不仅克服了自我中心性的思维，而且能够准确的理解什么是守恒，思维具有可逆性，但这一阶段个体的思维活动仍局限于具体事物，抽象思维能力较弱；在形式运算阶段，个体的抽象思维能力得到很大发展，他们能够提出和检验假设，会进行自我评价，思维具有抽象性、可逆性和补偿性[1]。在这些认知发展阶段中，认知能力

---

[1] 董莉.皮亚杰认知发展理论在中小学教育中的应用[J].名师在线，2018（14）：37-38.

的提高是从个体反射活动的简单重复到对物体控制的增强,到能够对具体概念的概括能力的提高;从感觉运动阶段的探索环境到形式运算阶段的抽象思维能力的提高。

(五)人际关系

从心理和社会学的角度上来讲,人际关系的本质就是人与人之间的一种在心理上的关系和距离。人际关系的好坏会引起学生不同的情绪和心理体验。当两个人之间在心理上能够产生共鸣,则会大大促进其共同目标的达成,良好的师生关系可以使得体育教学中师生双方感受到心情舒畅;但是若在体育教学过程中教师与学生在心理上发生了矛盾或冲突,彼此就可能会因矛盾而产生不愉快的情感和心理体验。一般来说,体育教学过程中的人际关系主要是体育教师与学生、学生与学生之间的人际关系。

师生关系对于动作技能课程学习有着直接的影响。任课教师与全体学生的关系是一种教与学的互动关系,是一种主导与主体的互动关系,其直接地影响着学校的课堂气氛。课堂气氛越活跃,学生参与课堂学习活动的积极性就显得越高,自然学习效果就越好。如果学生反感与任课教师沟通,拒绝进行课堂学习,这样呈现出的学习效果往往会产生很大折扣。

同学之间关系较为融洽的学生通常对于动作技能拥有较大的学习欲望和热情,能够通过团队合作与合理竞争进而提高自身的动作水平。相反,同学之间关系不够融洽的学生中则常常感到孤独,缺乏沟通会导致其缺乏自信,从而失去学习的信心。可见同学之间的人际发展关系也是直接影响一个学生对于动作技能学习的一个重要因素。因为当学生之间的人际发展关系较为融洽时,能够充分发挥集体凝聚力,使得班级的学习气氛变的轻松和谐。当学生们处于心情愉快的状态下进行动作技能的学习,能够更加迅速且准确的掌握动作技能。

（六）感知觉能力

当个体在学习动作以及完成动作时，均需要各种感知觉的参与，通过感知觉来决定动作表现，通常经过感觉传入、信息接收、信息处理和动作表现四个主要部分，感知觉是人们基于内外环境信息而采取的行动方式，同时也是动作技能发展的基石之一。本体感觉是源于个体身体内部器官产生的感觉信息，与动觉具有相似之处。本体感觉的存在使得动作学习者可以清晰地感知自己的动作与姿势，使得动作具备高度的协调性和准确性。

在我们的日常生活中，视觉器官是我们获取外界信息的主要渠道，大约有80%的外界信息是通过视觉器官传输至我们的大脑的。在儿童时期的动作技能教学中，儿童通常乐于模仿他人的动作，这使得直观教学法在这个年龄段能起到良好的教学效果。动作学习者通过视觉器官接收动作信息，直观的了解动作的构成，从而建立正确的动作表象，这不仅能够提升学生的观察能力与思维能力，而且对提高学生的动作技能发展水平具有深刻的意义。

（七）身体素质

身体素质一般通过力量、速度、耐力、平衡、协调和灵敏等指标来评定其整体水平，身体素质的发展对动作技能的学习起到很大的促进作用。

力量素质指肌肉工作时克服阻力或者对抗负荷的能力，其生理学基础是多种因素共同决定的。例如肌肉的生理横断面积、肌纤维类型、中枢神经系统的兴奋程度、运动关节角度、年龄、性别、激素水平以及后期的运动训练等[1]。力量素质发展水平高，则在完成动作技能时身体

---

[1] 李伟，李志义.关于力量素质潜在因素的探讨[J].哈尔滨师范大学自然科学学报，1986（4）：135-140.

会更加稳定，在某种程度上促进着动作技能的发展水平。

速度素质指人体快速运动的能力或在最短时间完成某种运动的能力，一般分为反应速度、动作速度和位移速度。反应速度取决于反应时、中枢神经系统的机能状态以及动作条件反射的巩固程度；动作速度取决于肌纤维类型、肌肉力量和神经与肌肉的机能状态；位移速度则取决于步频、步幅和磷酸原供能系统的供能效率[1]。速度素质的发展对动作学习者学习位移类动作技能时有十分重要的意义。

耐力素质指有机体坚持长时间运动的能力。耐力素质可分为无氧耐力和有氧耐力，无氧耐力素质取决于肌肉无氧酵解供能的能力、缓冲乳酸的能力和脑细胞耐酸的能力，而有氧耐力素质取决于氧运输系统的功能、骨骼肌特点、神经系统的协调能力、能量供应特点等[2]。耐力素质对于儿童掌握动作技能时，练习的持续时间、强度、质量有着一定的影响。

平衡、灵敏、柔韧与协调的发展水平也是在一定程度上影响着身体素质。平衡主要取决于位觉器官、本体感受器、视觉器官、身体机能等；灵敏取决于大脑皮质的机能状态、感觉器官与效应器官的机能状态、运动技能的掌握程度、年龄、性别等；柔韧主要与关节的结构特征、关节周围软组织的伸展性、关节周围组织的体质、神经系统的协调能力以及肌肉力量有所关联[3]。

身体素质在一定程度上受到遗传因素的影响，但绝大多数身体素质都可以通过后天的努力提升其水平。身体素质很大程度上影响着动作技能的发展，而动作技能的发展反过来也能够促进身体素质的提高，两者呈现一种良性的循环。

---

[1] 徐永生，董榴英. 学生速度素质影响因素及发展方法的研究[J]. 和田师范专科学校学报，2012，31（4）：40-42.

[2] 张丽娟. 论如何提高运动员的耐力素质[J]. 科技信息，2013（1）：215.

[3] 乔秀梅. 中小学生体能促进理论与实践方案研究[D]. 石家庄：河北师范大学，2012.

（八）神经系统的协调与控制能力

动作表现的合理性在很大程度上也取决于参与动作的肌肉群所表现出的协调能力。协调能力主要是指个体机体不同系统、不同部位和不同器官协同配合而完成动作技能的能力，其依赖于神经系统对肌肉合理而精细的支配[1]。个体协调能力的水平是形成动作技能的重要基础。动作技能的形成，是通过运动条件反射而建立的。协调能力好的人可以使得大脑皮质与神经系统的暂时性联系更快建立，从而动作学习的也就越快。同时在学习一定高难技术的动作技能时，也可以很好的掌握动作的空间、时间、节奏等特征，从而较快的提高运动技术学习和训练水平。

（九）基础动作技能的熟练程度

基础动作技能是个体为了在今后学习更多的动作技能而打下的基础，也是他们探索世界、获取各种知识的重要途径。在动作技能的发展中，如果个体没有充分掌握正确的基本动作技能模式，那么当他们要通过基本动作技能组合而完成复杂动作技能时，将会遇到相当大的困难。

从生理学的角度来看，动作技能是人们在生活中掌握和有效地完成各种动作的能力，是在大脑皮质的主导下按一定的要求完成的动作。人和高等动物对内外环境的适应都是通过反射实现的，非条件反射是先天本能的行为，数量、适应性有限。建立条件反射的可能性几乎的、无限的，有较大易变性，可新建、改造、消退等。建立条件反射可更好地适应环境变化，增强机体对环境变化的预见性和适应性[2]。动作技能可

---

[1] 张珂. 人体运动协调能力的理论诠释及其构成要素的实证研究[D]. 北京：北京体育大学，2010.

[2] 杨日飞. 教育与儿童的自然发展[D]. 南京：南京师范大学. 2011.

以通过后天的训练获得，其生理学机制是大脑皮质运动中枢与其他各感觉中枢之间建立的暂时性神经联系，而动作技能的形成过程就是建立动作条件反射的过程。动作技能的形成大致也要经过三个阶段，即动作的泛化阶段，动作的分化阶段和动作的巩固与自动化阶段。在泛化阶段中由于大脑皮质有关中枢的兴奋和抑制过程呈现扩散状态，因此，容易出现各种错误动作或多余动作等，这时教学者就需要抓住学习在动作学习中的主要环节或者主要问题，进行及时的纠正，多采用直观教学或分解教学法，逐步帮助学生建立正确的动作表象；当动作的学习随着练习不断的深入，大脑皮质有关中枢的兴奋与抑制过程日趋分化和集中，抑制过程加强，特别是分化抑制，运动技能进入泛化阶段，建立了初步动力定型，但还不够稳定，遇到新异刺激易重现错误动作，这时教学者就需要提高对动作细节的要求，强化正确动作，及时纠正错误动作，使动作日趋准确；当动作逐步趋于完善时，大脑皮质有关中枢的兴奋和抑制在时间和空间上更加精确和集中，动作完成更加准确、协调。

二、影响动作技能发展的客体因素

（一）动作技能的难度

动作技能的难度一般是指学生完成动作技能的难易程度，它也是直接影响一个学生的运动技能发展和学习的最主要客体因素。完成动作的难度与完成的动作质量也是评定动作各项技能的发展和学习程度的重要因素和指标。例如，在跳水、体操等体育项目中，动作的难度往往是对学生完成动作技能进行综合评分的一个重要因素。动作的基本组成质量和要素往往是直接影响一个动作的完成难度和质量的重要因素和特征，动作组成要素的改变往往会直接引起学生完成某个动作的质量和其难度的实质性变化。动作要素一般包括运动身体的姿势、动作的轨迹、动作的时间、动作的速度、动作的速率、动作的力量、动作的节奏等。动作技能的教学要遵循渐进的原则，即由简到繁、由易到难，这就要求在课程设计的时候要科学合理，要贴合学生该年龄段的身心发展特点，既不能安排得太难，也不能过于简单。课程如果难度太大，当学生经过不懈的努力还不能达到预期效果，慢慢就可能会使其失去学习的兴趣和信心。但课程如果过于简单，学生不必经过努力就很难能够充分理解和掌握，也不利培养学生的创造力，难以激发学习热情。

（二）体育教师

教师既是体育教学活动的指导者和组织者，同时也是直接影响到学生动作技能学习效果的最重要一个变量。体育教师对于学生的运动技能影响涉及很多方面（包括诸如教师的身体素质、知识以及其职业道德等）。在动作技能学习的过程中，学生是通过依靠体育教师的指导和动作示范进行动作技能学习的，体育教师的动作示范技术水平高低是直接影响学生对运动知识和动作技能掌握程度的最主要影响因素。体育教师的动作示范技术水平对学生运动知识和技能有着直接的影响。研究表明，技术水平较高的体育教师所教授的学生，动作技能发展程度明显优于那些动作示范技术水平一般或较差的体育教师所教授的学生。这在某种程度上说明体育教师动作示范技术水平的优秀率高低直接地影响着学生对运动知识和技能的掌握程度。

（三）家庭环境

家庭体育教育与社会、学校的同样重要。家庭是现代人类最基本的社会生活组织和形式。家庭成员的职业、价值观念、体育行为将对其他家庭成员也产生一定的影响，起到潜移默化的影响。研究结果表明，家庭环境对我国中小学生体育运动专业技能的培养存在着一定的影响，如个体的身体素质、身体的形态在很大的程度上都是因为受到家庭环境和遗传因素的影响。家庭成员的性格或者职业体育爱好、体育行为都会对其子女的性格或者个人爱好产生一定的影响。如果一个学生的父母是一个专业的从事体育运动者，那么这个学生在某种程度上会接受父母的职业熏陶。由此可见，家庭环境对个体动作技能的发展也起到十分重要的作用。

（四）场地器材

动作技能的教学通常是在操场、体育馆等训练场所里同时进行。动作技能的学习通常需要借助一定的场地和体育器材，学生通过特定的训练器材、场地来体会动作，进而学会动作。体育课程不同于其他学科，更加注重的是实践性，如投掷、球类等项目中，如果没有一定的训练场地和体育器材，学生将不能很好地领会任何一个动作技能。器材的质量、数量也在某种程度上影响学生的动作技能学习效果。例如在学生练习体操的相关动作时，学生很容易出现心理紧张，但如果场地器材有很好的保护措施，就可以有效的消除学生的紧张和焦虑心理，很好地引导学生完成动作技能练习的任务。由此看来，增加并改善训练场地、体育器材的条件和数量是提高学生动作技能学习效果的重要手段。反之，场地和体育器材的不足将会直接导致学生动作技能的学习效果大打折扣。

（五）体育教学评价

教学反馈是体育教师完成预期体育教学目标的重要手段，是体育教学过程中不可或缺的一部分。在动作技能的学习过程中，部分学生常常难以达到动作的基本要求，这是由于其本体感觉和自我认知的能力有限，难以对动作完成的质量进行准确的自我评价，这时教师的反馈评价信息就起到了重要的作用，学生可以通过教师的反馈来了解自身在完成动作时的优缺点，进而提高动作完成的质量。

有研究表明，经常受到教师表扬的学生动作技能的发展水平较好，而常常受到批评的学生往往动作技能发展水平较差。这说明体育教学的评价对于学生的动作技能学习效果有一定的影响。体育教学评价是通过一定的反馈信息而进行的，科学合理的体育教学评价使得学生能够充分了解自己在动作技能学习上的不足，具有极其重要的意义。体育教学评价既可以判定体育教学目标的达成程度，又能够提供反馈信息与改进依据，充分调动了学生对体育学习的主动性与积极性。因此，在进行体育教学评价时要客观、整体、科学合理，符合素质教育的理念，实施多元评价机制。一般来说，教学评价可分为正式的评价和非正式的评价，正式评价通常指测验、考试等，而非正式评价通常指的是体育教师在课堂中对学生的语言鼓励、面部表情等。在动作技能的学习中，能够激发学生学习兴趣的自然是非正式评价，非正式评价贯穿于整个体育教学过程中，体育教师某一瞬间的面部表情、语调、体姿等都会对学生的动作技能学习产生一定的影响。而正式评价通常用于评判该阶段动作学习的好坏，难以起到激励的效果。因此，科学合理的体育教学评价对个体动作技能的发展具有很大的促进作用。

（六）社会环境

人的本质特征就是具有社会性，人的生存和发展越来越离不开这个社会。个体从出生以来便通过不断的适应环境，逐渐获得了各种知识、道德行为规范、动作技能等。人的一生是不断适应社会的过程，逐步被社会化，我们个体的体育知识和动作技能的发展也受到许多的社会因素的影响。例如我们的家庭环境、教育水平、生活的环境、文化的不同、种族差异、性别等，这些因素都很大程度上影响着我们的认知水平、动作技能发展。当我们处于婴儿期、儿童早期时，往往我们受到家庭环境的影响较大。随着个体的逐渐成长，学校教育占据了主导地位，老师、同学等对于儿童早期的世界观、人生观、价值观、知识体系、动作技能的逐步形成和发展具有极大的意义。个体早期的社会化程度，对其在今后的动作技能发展、体育综合能力、价值观的形成、个性的塑造都同样具有深远的影响。老师不经意的一个微笑、一句肯定的话语，都会给予学生成功的喜悦，从而受到激励和鼓舞。反之，老师的皱眉、批评则可能会给学生带来挫败感，从而怀疑自己，产生压力。因此，在体育教学中如果教师可以对学生的表现施以科学合理的评价，则可以充分调动学生的学习欲望，从而获得理想的学习效果。

此外，课外的体育活动、传统体育项目、社区体育等因素也都影响着中小学生的动作技能发展。这些因素复杂多样，教学设计者与教学实施者不仅要重视体育教学的理论研究，也要从实践中得到真知，全面的分析这些问题，抓住其主要矛盾，有针对性的解决相应问题，才能更好地促进青少年的动作技能发展。

三、小结

动作技能的发展受着多种内外因素的影响，是一个不断学习、发展和适应环境的过程。从婴儿期的爬行、站立到行走，再到逐步掌握基础动作技能，尝试各种复杂多样的动作技能，动作技能的发展贯穿人的一生。体质健康的发展同动作技能一样，受着多种因素的影响，有着其特定的发展规律。近年来，我国体质测试数据所反映的学生体质健康水平令人担忧，如何改善学生体质健康水平已然成为一个全社会关注的问题。提高体质健康的方法有许多，如注意科学合理的饮食、规律的生活、充足的睡眠、进行体育锻炼等，其中体育锻炼是增强体质、延缓衰老、促进健康，从而获得高质量的生活以及长寿的最佳途径。生命在于运动，提倡体育锻炼，实际上是对于自然状态的一种回归。学校体育应以"健康第一"和"终身体育"为指导思想，以育人为目的，努力适应社会的需要，改善教学方法与手段，使学生通过体育锻炼发展身体健康、心理健康和社会适应能力，在掌握技能与知识的基础上达到提高体质健康水平的目的，使其终身受益。研究指出，学生的动作技能发展水平与体质健康有着明显的关联，提高动作技能水平可以促进体质健康[1]。儿童基础动作技能的发展可以促进更高阶动作技能的发展，熟练的掌握运动技能对培养体育兴趣、提高体质健康水平具有十分重要的意义。

---

[1] 吴升扣，姜桂萍，张首文，等. 3～6岁幼儿粗大动作发展特征与体质健康水平的研究[J]. 中国儿童保健杂志，2015，23（2）：172-175.

第四章　动作技能与体质健康关系的理论分析

　　动作技能形成与发展的研究在20世纪以来经历了快速的发展。就动作技能而言，尤其经历了从简单的动作技能原理研究到动态的动作技能控制发展。研究者们从最简单的观察开始，通过深入表象寻找到动作技能形成的一系列原因，并且随着生物技术、医学技术、物理手段等进步，人们逐渐对动作技能的原理掌握越来越全面。同时，人们关注到动作技能与体质健康之间具有紧密的相关性，如何看待二者之间的关系不仅是前人所关注的问题，也是我们的研究所要关注并解释的问题，只有将此问题了解清楚，才能推动二者之间关系的发展，从而更好地服务于青少年乃至社会各个群体的健康与发展。

　　健康，正在日益成为人们生活中的重要词汇，并且开始成为人们发展和生存的重要价值指向。在现代社会中，人们对于生活和工作投入了太多的精力和时间，"祝您身体健康"已经渐渐成为一种常用的祝愿，而当健康远离我们的时候，我们对健康的期许就变得愈加强烈。人们努力的奋斗拼搏就是为了创造社会价值，实现自我的人生价值，而健康是实现双重价值的基础与保障，也是相伴我们一生最宝贵的财富。因此，对于健康的研究从未停滞。

　　人类的体质健康已经成为研究对象并非自古以来就有的，而是经历了长期历史的发展后产生的重要领域，医学和心理学对个体的健康研究做出了大量的实验和工作，而体育运动学对此研究则较晚起步。比较不同学科之间的研究能够发现，医学和心理学主要是针对非健康状态进行研究，是属于后发性的研究，而体育运动学则是从保护健康状态进行的研究，是属于预防性的研究。体质健康与运动之间有着密切的联系，从生活经验来看，一般爱运动的人较之于宅家的人来说更为活泼和少发疾病，而从基本的新陈代谢理论来看，爱运动的人群也更为健康。但是，健康是什么呢？

在1948年世界卫生组织成立时，在其组织的章程中明确指出："健康不仅是身体没有疾病，而是生理上、心理上和社会适应性处于完好的状态。"而在1990年，世界卫生组织在《世界卫生组织组织法》中指出："健康不仅是躯体没有疾病，而且还要具备心理健康、社会适应良好和道德健康，只有具备了上述四个方面的良好状态，才是一个健康的人。"由此看来，健康是一个复杂的集合概念，不仅是物理性质上的健全，而且是包含了人作为主体的各个方面。体质健康是较为容易被理解的方面，也是最好诊断和康复的一类；而心理健康则较为复杂，其往往由于体质性的缺陷导致，但并非体质性缺陷的原因导致的个体认知错乱、不适应环境等问题往往较难判断和康复。体质健康与心理健康之间会互相影响，二者同等重要。社会健康则要求社会中的每一个人都能在社会中发挥相应的作用，保持人的社会性（合群而做、集体生活、积极参与），三者共同的健康才是一个健康的人。

毛泽东在《体育之研究》的开篇就指出，"国力恭弱，武风不振，民族之体质，日趋轻细，此甚可忧之现象也"。《中共中央国务院关于加强青少年体育增强青少年体质的意见》明确指出，增强青少年体质、促进青少年健康成长，是关系国家和民族未来的大事[1]。《国家中长期教育改革和发展规划纲要（2010—2020年）》提出要每天锻炼一小时，不断提高学生体质健康水平。2013年，习近平总书记强调，发展体育运动，增强人民体质，是我国体育工作的根本方针和任务。全民健身是全体人民增强体魄、健康生活的基础和保障。2014年，结合新时期青少年体质健康状况和学校体育工作实际，《国家学生体质健康标准》进行了修订，对测量体质健康有了更完善的标准。在党的十九大报告中，

---

[1] 中共中央国务院：关于加强青少年体育增强青少年体质的意见［S］. 中发〔2007〕7号.

习近平总书记再次强调:"广泛开展全民健身活动,加快推进体育强国建设,推进卫生体育事业的改革和发展,开展全民健身运动,提高全民健康水平[1]。"

一、动作技能发展与体质健康促进的关联可能

在上述分析中,我们知道体质健康同体育运动之间有着紧密的关联,而体育运动本身是抽象的概念,更为具体的是体育运动中的动作技能。因此,体质健康同动作技能之间的关系就成为了研究的应有之意。但是长期以来,人们关注的更多的是体育运动(类别)与体质健康的关系,如刘一平(2015)[2]在《当代大学生体质健康与促进》一书中就分析了体育锻炼类型与体质健康的关系,其中有:"①有氧运动和无氧运动;②耐力运动和速度运动及灵活运动;③专门力量型练习。"这种划分具有较高的概括性,基本涵盖了我们可以想到的常见运动,但是问题就在于未能从更为专业的角度对体质健康与动作技能的关系展开研究。研究者们往往只关注体育活动的类型而不深入具体活动,这会导致运动主体体质健康改善的原因得不到正确的、合理的、精确的解释。同样的人进行游泳活动,获得的体质健康度并不一致,其中的原因可能有先天因素,也有后天的原因,而后天的原因往往和动作技能相关,比如专业训练过游泳动作的人和非专业的游泳爱好者相比较而言,二者在进行同等消耗的游泳活动后所获得的体质改善度不一样。

因此,在体育运动的研究范围内,体质健康的研究若要推进就离不开对动作技能的研究。体质健康一般而言具有五个方面的衡量标准:

第一,身体的基本形态。在正常的情况下(也可包括睡眠时),人

---

[1] 习近平. 决胜全面建成小康社会,夺取新时代中国特色社会主义伟大胜利——在中国共产党第十九次全国代表大会上的报告[Z]. 北京:人民出版社,2017:10.
[2] 刘一平. 当代大学生体质健康与促进[M]. 北京:科学出版社,2015.

的身体具有一定的形态，其包括了人的体型、姿势、体格以及身体组成等。身体的基本形态往往比较能够直观的反映出人的外在健康程度，比如身高、体重、肥瘦等，而在现代社会的价值观下，不胖不瘦、身材健硕、四肢均匀是健康体魄的体现，也是体质监测中不可缺少的项目，例如大学生的学前体检中就包括了体重、身高的测试项目，如前文提及的BMI（体重指数）也就是对应于身体基本形态的健康程度而设定的。通过BMI值，人们可以根据自己的生活习惯以及身体的舒适程度来改善自身的体质，加强运动或是减少运动、增加食物营养或调解饮食等来改善BMI值。

第二，生理机能水平。这主要反映在人的新陈代谢能力以及各大器官的工作效能上。而在大学生群体中，体检体侧的项目主要是肺活量的检测，通过肺活量，我们可以得知一个学生最大的机能基础，其能够反映出人体生长发育水平。之所以选择肺活量测试，一方面是因为肺活量测试较为简易，另一方面是因为肺是供氧最主要的器官，机体离不开氧气的作用。在一些剧烈的运动中，肺活量也是很重要的基础机能，良好的肺活量可以为人体供氧供血充足，从而始终保持良好的活力，肺活量大的人具有良好的耐力。通过体育运动和合理规划，人们能够不断增进肺活量，提高和改善肺的机能，从而与健康的锻炼活动之间保持良性循环。

第三，身体的基本素质。一般大学生的身体素质主要集中表现在速度、耐力、力量、灵活度和柔韧度上，还有的大学生身体素质包括爆发力。身体素质离不开肌肉群和神经系统的良好运转，力量、速度等素质的综合体现了人的整体身体素质，这是重要的物质基础。没有这些为基础，人的体育活动往往难以顺利的展开。如今，我们的体侧主要通过定距跑步、立定跳远、仰卧起坐、引体向上、坐位体前屈、耐久跑步等方式来检测大学生的身体素质。在国家出台新的大学生体质健康标准后，大学生的身体素质更为清晰地呈现出来，也为教学提供了基本的方向，从而合理、准确的提高大学生的身体素质。

第四，心理及发展状态。其包括人的意志力、感知力、判断力和控制力。这些能力是基于物质基础上而来的一些能力，不易于表达，也不易被检测。但是对于此方面的研究仍然是重点和热点。通过大学生对事件的看法、对人生挫折的看法以及对诱惑的态度等方面，我们可以测试大学生的心理状态，但是往往是通过调查问卷的方式较好，因为直接的检测往往会适得其反，甚至可能给大学生心理造成阴影，因此，良好的沟通交流与问卷调查是关注大学生心理健康的重要方式。

第五，适应能力。其主要针对的人对于外部环境的抵抗能力和适应能力。先天遗传因素不可忽视，但是环境对于人的改变以及人对环境的改变往往超过了先天因素。先天的因素难以改变，但是后天的锻炼和磨炼可以使人不断适应新的环境，而社会所提供的环境也需要与人的需要相适应。人们应当重视改变后天的生存环境、卫生、营养，以及加强身体的锻炼来适应寒冷或炎热的环境，对此，暂且有较为简易的检测方法和改善方式。

除上述五点以外，还有很多其他指标可以衡量人的健康程度，其中，运动技能就是其中重要的一项指标。与体质健康如出一辙，人类自诞生以来就已经具备一些较为低级的反射性动作技能，人们可以通过后天的不断完善与练习进而提高动作技能，以达到适应各类生活环境，健康生活的需要。

我国2014年修订的《国家体质健康标准》从身体形态，身体机能和身体素质三个方面衡量体质健康的发展水平，动作技能的发展很大程度上影响着身体素质。运动技能掌握的熟练程度、对运动技能的学习练习等，都可以反映出人们体质健康的原因以及改善的效果，因为不合理的体育活动动作技能不仅不会改善人的体质，而且往往会使人受到伤害以及伤病困扰。例如，错误的跑步动作会导致膝关节和踝关节受损；错误的游泳技能会导致肩关节和肌肉受损；错误的羽毛球技能会导致踝关节、膝关节以及肌肉等受损。除此之外，过渡和剧烈的运动也会导致事与愿违，例如，过度的奔跑可能会导致水分大量流失、晕眩；过度的游泳会导致皮肤长时间与水接触而受损；过度的羽毛球运动同样会导致失水过多、肌肉运动量过大而引发的伤病等。因此，合理的运动量加上合理、科学的规范动作技能对体质健康有着深刻的影响。

二、动作技能发展与体质健康促进的理论基础

动作技能的发展伴随着人类的一生，并处于不断发展和完善的过程之中，从发展的视角来看，动作技能的发展与人类的自然生长发育一样，是一个循序渐进的过程，有其特定的规律。人类的生长发育是一个自发的过程，人体的机能、器官会不断自我完善，而动作技能的发展则受后天的影响较大，是通过不断的学习与适应来提高的。张英波认为，从人体各种反射活动的基础上来看，动作技能可划分为四个不同的层次，依次为基础动作技能、动作熟练性屏障、成熟动作技能和高级动作技能，这四个阶段形如金字塔状，该模型底层的基础动作技能指的是身体大环节的动作活动，是在人体生长发育的早期（2~12岁）习得的，主要包括位移动作技能、非位移动作技能和控制物体技能，这是顶部高级动作技能的基础[1]。只有打好稳固的基础，才能灵活的组合各类动作技能。

新中国成立以来，我国逐步认识到国民体质健康的重要性，并多次组织全国体质健康的监测，这些科学研究成果对掌握我国青少年的生长发育规律和体质健康状况提供宝贵的资料，对中小学的体育教育事业提供了更加坚实的数据支撑。监测数据表明，我国青少年体质健康状况呈现逐年下降，因此，人们一直在探索如何提高体质健康的各类方法，力求运用各种方法来提升当代青少年的体质健康水平。体质与健康的研究是通过对人的身体形态、身体机能、身体素质、运动能力等多方面的指标来综合评定的，研究人体质量的组成，并有针对性的提出改进对策和

---

[1]张英波，夏忠梁.动作学习与控制[M].北京：北京科学技术出版社，2019.

相应措施，是包含多学科，多方面，多层次的综合性研究。

按照一般的理论推导，认为动作技能学习会加强锻炼，加强锻炼则有助于体质健康的改善。越来越多的研究指出，青少年的动作技能发展水平与体质健康呈现正相关[1]。常芹，殷荣宾（2011）研究发现身体素质的阶段性和不平衡性、动作技能的递进性的特点，动作技能要根据循序渐进才能有助于身体健康[2]。徐仁龙、李云德、于海波（1999）则从反馈入手，发现反馈促进体育教学效果，进而对学生健康产生积极作用[3]。郭萍（2007）认为动作技能与心智技能相辅相成，才能达到身心健康[4]。关施霞等（2008）强调示范，通过认知调解理论与模型动力学的两种示范理论发现示范和表象的相互关系[5]。孙丽华（2006）强调练习，从运动技能形成的多样性出发，阐释了练习的作用[6]。

部分学者结合脑科学，从脑中的结构变化来证明体质健康与动作技能之间的关系。Luft（2005）认为结构和功能的改变伴随着运动表现的提高，也就是说神经系统变化及其运动行为改变是运动学习的结果，皮层可塑性机制与神经元的变化中有助于生物体更快、更准确的完成运动任务[7]。Taylor（2014）从神经认知角度看，运动技能学习是一种神经

---

[1] 吴升扣，姜桂萍，张首文，等. 3~6岁幼儿粗大动作发展特征与体质健康水平的研究[J]. 中国儿童保健杂志，2015，23（2）：172-175.

[2] 常芹，殷荣宾. 动作技能发展对我国体育课程教学的影响研究[J]. 南京体育学院学报，2011，10（3）：79-81.

[3] 徐仁龙，李云德，于海波. 体育教学中的动作技能反馈刍议[J]. 哈尔滨体育学院学报，1999（2）：31-32.

[4] 郭萍. 浅谈高校体育动作技能的教学[J]. 新课程研究：职业教育，2007（12）：59-60.

[5] 关施霞，胡克祖，申寻兵. 关于示范在动作技能形成中的作用[J]. 职业教育研究，2008（5）：5-6.

[6] 孙丽华. 关于体育运动中"运动技能"的形成、迁移与干扰的理论研究[J]. 吉林师范大学学报（自然科学版），2006，27（1）：108-110.

[7] Luft A R, Buitrago M M. Stages of motor skill learning [J]. Molecular neurobiology, 2005, 32（3）：205-216.

第四章 动作技能与体质健康关系的理论分析

机制,是产生在大脑中的结构和功能的改变,说明运动技能与人体的大脑有相互作用[1]。杨叶红,王树明(2018)以神经结构和功能的现有知识为基础,以动作技能学习过程为主线,梳理动作技能学习的神经生理机制,认为大脑皮层是动作学习和控制中心,参与运动学习的不同方面;小脑主要做出时间节律调整、反馈和动作记忆的作用;皮质—基底节和皮质—小脑回路是空间和动作信息获取的关键。人体的脑部位的健康与动作技能有密切关系,并且有反馈微调作用[2]。可见,理论层面基本上是在宏观理论的指导下,采用中观研究领域得出的结论,与体育教学进一步结合得到研究结果,具有理论指导性和实践可操作性,也有少部分结合了心理学、脑科学等进行交叉研究。

  从以上众多研究中我们可以推演出动作技能发展与体质健康研究之间的相关性。在体质健康研究中的身体形态、机能、素质、运动能力与人的动作发展有密切的联系,每一个人的身体形态、机能、素质、运动能力都存在着个体差异,个体的差异会导致每个人的动作发展水平呈现发展不均衡的现象,这就需要我们根据动作技能的发展规律加以适当的引导,使得我国青少年动作技能的发展水平得以提高,进而促进体质健康的发展水平。人们在日常生活中的动作行为与运动技能的获得,包括它们发展变化的过程与人的身体素质和运动能力的获得和发展水平密切相关,而身体素质和运动能力的发展水平又与人体的形态、机能、心理和社会适应发展水平等互为因果、相互联系。此外,人的动作技能发展水平既可以判断与衡量其身体形态、机能、素质、运动能力等体质健康状况的外在表现,同时又可作为检测人的体质健康状况的基础指标。可见,体质与健康研究对人的动作发展研究具有重要的借鉴价值。但同时

---

[1] Taylor J A, Ivry R B. Cerebellar and prefrontal cortex contributions to adaptation, strategies, and reinforcement learning [M]. Progress in Brain Research. Elsevier, 2014.
[2] 杨叶红,王树明. 动作技能学习神经生理机制研究 [J]. 武汉体育学院学报, 2010, 52(8): 85-89.

我们又要注意到，体质健康研究并不是动作技能发展研究的本身。动作技能发展的研究可以在很大程度上促进我们对体质健康的进一步认识，体质与健康的研究需要众多学科的支撑，动作技能发展即是一个不可或缺的一个学科，深入探索动作技能的发展可以使我国体质健康的研究更为深入、完整，从而使得提出的改善和促进体质健康的方案、措施更加符合我国提倡的"健康第一""素质教育的"现代化教育理念。

三、动作技能发展与体质健康促进的实证基础

许崇高（1992）以田径体育为切入口，分析了程序教学模式的系统方法[1]。骆建等（2005）则通过实证更新了传统观点，提出了对运动技能形成的三个阶段的质疑，并从生理和心理角度分析错误动作的产生，以及因此导致的健康损害[2]。吴雪萍、章建成（2007）通过实验法研究不同动作技能活动方式对智障成年人体质健康的影响，发现参加开放性动作技能和封闭性动作技能练习对智障成年人的身体机能的效应不显著，但身体素质有不同程度的改善，而且智障程度越轻的被试通过练习，越能达到更好的练习效果[3]。钱建龙（2007）选取江汉大学外语学院、数计学院、艺术学院、政法学院和教育学院和物信学院共六个学院共24个班级的新生为研究对象，选取运动技能学习困难157名学生（其中男生89人，女生68人），采用测量法、问卷调查法、文献资料法和数理统计法进行了对比研究，发现运动技能学习困难大学生与正常大学生相比在体质健康水平和心理健康水平均具有显著差异，有六项健康

---

[1] 许崇高. 田径技术教学方法与模式的研究综述 [J]. 西安体育学院学报，1992（3）：15-22.

[2] 骆建，陈广勇. 田径技术教学中学生产生错误动作的原因及运动技能能力提高的干扰因素 [J]. 北京体育大学学报，2005，28（12）：1684-1686.

[3] 吴雪萍，章建成. 不同动作技能活动方式对智障成年人体质健康的影响 [J]. 上海体育学院学报，2007（5）：51-54+59.

指标存在显著相关，影响体质的身体形态、身体机能和身体素质三要素是密切相关且相互影响的[1]。朱建峰（2010）也通过实证研究发现体育教学的效果、和谐、互动、清晰度等多维性特征[2]。葛青（2011）则也从田径技能学习出发，强调终身学习的技能基础[3]。朱观荣等（2012）综合以上实证研究，并也通过对田径体育的实证研究，对教学提出了建议[4]。莫月红（2015）关注了幼儿的动作技能与体质健康之间的关系，经过调查，发现幼儿体育活动内容的选取、活动强度、场地设施、师资和体育活动氛围营造等方面存在一定的问题，结合动作发展理论，建议在当前学前体育教育专业教材中增添基本动作技能教育，扩大活动场地的面积和投入多样化的体育器材[5]。大多实证都非常贴合教学实际，但是国内此类研究也存在与理论脱节的问题，理论没有对实证路径进行指导，实证也没有理论进行反馈修正，同时缺乏更为大样本的比较或者跟踪研究。

国外对此方面的教育研究主要与各国国情有关。根据刘亚斌（2013）的归纳，目前有三大主导模式：以美国为代表的辅导型动作技能教育，以日本为代表的终身型动作技能教育，以及以德国为代表的生产型动作技能教育[6]。辅导型教育更加注重学生的积极参与和快乐学习，终身型更加注重动作技能习得的长远性，而生产型则更注重最终效

---

[1] 钱建龙.运动技能学习困难大学生身心相关的对比研究[J].北京体育大学学报，2007（11）：1543–1545.

[2] 朱建峰.普通高校体育教师教学效果评价结构研究[J].北京体育大学学报，2010（7）：88–90.

[3] 葛青.强化认知结构提高学生动作技能学习效果的教学策略研究[J].教育教学论坛，2011（3）：146–148.

[4] 朱观荣，苏文波，刘世秋.中学田径教学中现存问题和建议刍议——以跑步教学为例[J].大众科技，2012，14（2）：179–180.

[5] 莫月红，张莹.基于动作发展视角的幼儿体质健康促进研究[A].中国体育科学学会，2015第十届全国体育科学大会论文摘要汇编（三）[C].中国体育科学学会，2015：2.

[6] 刘亚斌.动作要素在体育教学中的应用性研究[D].呼和浩特：内蒙古师范大学，2013.

果。国内体育教育立足于学生的身心健康，需要各家之长，全面提升学生参与的积极性、过程的快乐性、效果的优良率、后期的再参与度。

四、小结

随着我国逐步迈入社会主义现代化强国，科技、经济得到了迅速发展，美好生活成为了人们共同追寻的目标，体质健康则正是美好生活的基础与根本所在。人类早期对于体质健康的研究经历了长期的发展，结合了医学、心理学进行大量探索，但与体育运动相结合的研究较少。改革开放以来，我国进行了大规模的体质健康测试，对学生体质发展与生长发育规律有了更为深刻的认识，使我国青少年儿童的体质健康发展研究步入了科学、规范、经常化的进程。此外，逐步开始有学者将体质健康研究中的身体素质维度与学生动作技能的发展相联系，揭示了学生身体素质与动作技能在不同时期发展的一些较为相似的特征。

20世纪以来，动作技能发展的研究经历了简单的动作技能原理研究到动态的动作技能控制的发展，使得动作技能逐步成为了一个独立的研究领域。动作技能发展的研究具有跨学科的特点，国内外众多学者结合了生理学、体育学、教育学、心理学、生物力学、社会学等众多领域交叉研究，这些研究对动作技能发展的过程的描述逐步清晰，但还未深入到影响动作技能发展的内在机制、制约因素和促进因素的研究。从研究对象的年龄分布来看，大量研究多集中于婴幼儿时期的动作技能发展，而关于青少年动作技能发展的研究较为零散，带有一定经验推测性质，缺乏科学和严谨的实证研究。深入研究人类动作技能的发展规律，有助于人们了解动作行为及其一生中的动作变化过程，帮助人们获得最佳的健康状态。

众多研究表明，个体动作技能的发展与体质健康水平关系十分密切，动作技能的提升对促进个人体质健康具有非常积极的作用。人类的动作技能发展是以各种身体动作为基础，具有复杂性和多样性的特点，动作技能的发展贯穿人的一生，是人能适应环境和社会并与之相互作用的结果。动作技能的提高，在于儿童、青少年时期打下的良好动作基础以及在后续日常生活中的不断改进。随着动作技能的发展，体质健康水平也会得到相应提升，同时体质健康的发展又为进一步改善动作技能打下良好的基础。可见，体质健康与动作技能的关系是相辅相成、相互促进、相互影响的。探寻动作技能与体质健康之间的关联，促进青少年积极参与体育运动，养成经常锻炼身体的习惯，提升青少年动作技能发展水平与体质健康状况，对青少年的健康成长、提高全民体质健康水平，具有基础性和实用性意义。

第五章 动作技能与大学生体质健康的实证研究

一、前言

习近平总书记在党的十九大报告中提出"健康中国战略",这是党中央立足于现在、放眼于未来的一项重要战略,是全面建成小康社会和把我国建成富强民主文明和谐美丽的社会主义现代化强国的健康基础。"人民健康是民族昌盛和国家富强的重要标志",体现了我们党对人民健康的认识达到新的高度。实施健康中国战略,事关人类的全面发展和社会的全面进步[1]。"投资健康"可以有效提高劳动力工作年限和劳动生产率,促进"人口红利"更多转化为"健康红利"。"每天锻炼1小时,健康工作50年,幸福生活一辈子",这是2004年"全国高校体育工作座谈会"叫响的口号,倡导健康的生活理念[2]。在2007年第七届全国大学生运动会开幕式上,教育部长周济代表教育部再次向全国的广大青少年学生提出这一口号。大学生是社会的高级人才预备队,是祖国未来的希望,同时又是未完全走进社会的人,他们作为社会新技术、新思想的前沿群体,对于健康理念和动作技能有着不同的理解及实际行为。动作技能是体育运动的基础,也是体育教学的基本内容,是终身体育的基石。通过对大学生动作技能的评定,可以得到衡量大学生体育学习效果和身体运动能力的指标。

[1] 人民网. 认真学习宣传贯彻党的十九大精神 实施健康中国战略 [EB/OL]. (2018-01-12)
[2018-01-15]. http://health.people.com.cn/n1/2018/0112/c14739-29760684.html.
[2] 新浪网. 每天锻炼一小时健康工作五十年幸福生活一辈子 [EB/OL]. (2004-09-02)
[2017-10-18]. http://sports.sina.com.cn/s/2004-09-02/1002356568s.shtml.

二、研究对象

采用分层抽样和随机抽样相结合，选取985和普通高校两所大学的大学生。每所大学由负责老师在自己的任课班中随机选取两个男生教学班和两个女生教学班为研究对象进行测量和问卷调查。其中，问卷调查方面，共发放问卷230份，回收问卷230份，有效问卷224份，有效率为97.39%，其中男生138人，女生86人。动作技能和体质健康方面，均是在体育课上随堂测量，因此男女生全部参加了测试，男女生共测量230人，其中，男生测量人数142人，女生测量人数88人。综合动作技能、体质健康、问卷调查的样本情况，筛选出最终的样本224个，其中男生138人，女生86人。

三、研究方法

（一）测量法

1. 动作技能测量

动作技能测量主要测量被试的动作技能表现度。以乌尔里希修订形成的TGMD-2测量工具为基础，并进行了针对性的改进[1]。乌尔里希编制了TGMD测量工具，后于2000年修订形成了TGMD-2。该测量工具用于评估大肌肉动作发展能力，测试内容包括移动（如单脚跳、前跨跳等）和物体控制（如原地拍球、双手接球等），是目前国际上常用的动作技能发展能力的测试工具。但该工具主要测量的是青少年儿童的大肌肉动作发展能力，而本研究针对的群体是大学生，因此测试内容在原

---

[1] Ulrich D. A. Test of Gross Motor Development (Second Edition) Examiner's Manual [M]. Austin, TX: pro-ed Publishers, 2000.

有基础上进行了调整，调整为适合大学生的测试内容，包括"移动"和"物体控制"两个维度，其中移动包括：立定跳远动作、单脚跳动作、跨步跳动作、前滑步动作、侧滑步动作、行进间正踢腿动作、高抬腿动作、左右交叉步移动动作；物体控制包括：跳绳动作、单手抛网球、单手接网球、两人拉手对打网球、网球掷远、网球20米掷远接球、篮球三步上篮动作、羽毛球发后场高远球动作、足球脚内侧传球动作、使用网球做保龄球滚准动作。采用7级量表打分制，将每一项测试动作从差到好分为七个级别：其中，1级代表非常差，2级代表很差，3级代表较差，4级代表一般，5级代表较好，6级代表很好，7级代表非常好。

表1 动作技能测量说明

维度	动作名称	场地/器材	测验方法	测验标准	最后得分
位移	立定跳远	田径场	受试者尽可能得向前跳远。虽然有皮尺，但实际测试的是立定跳远技术动作得分	①做准备动作时双臂向后弯屈，同时双腿曲膝 ②两臂向前上方充分伸展 ③双脚同时起跳，同时落地 ④双脚落地时手臂下压	2次测试的最好成绩
	单脚跳	田径场	要求受试者分别用一只脚连续向前跳跃10次以上，之后再换另一只脚跳回	①非支撑腿弯曲于体后 ②非支撑腿可以向前摆动 ③两臂弯曲，前摆以产生力量 ④优势脚连续跳跃8次以上 ⑤非优势脚连续跳跃8次以上	2次测试的最好成绩

(续表)

维度	动作名称	场地/器材	测验方法	测验标准	最后得分
位移	跨步跳	田径场	相距约10米的两条羽毛球场地的边线，指导受试者从一条边线向前的跨步跳至另一条边线	①一只脚起跳，另一只脚落地 ②双脚短暂离地时间比跑步时间长 ③手臂与腿相对运动2次测试的最好成绩	2次测试的最好成绩
	前滑步	田径场	田径场相距约10米的两条羽毛球场地的边线，指导受试者从一条边线向前的滑步滑至另一条边线	①两臂弯曲并积极上摆 ②一只脚向前迈步，另一只脚脚尖触碰前一只脚的脚跟 ③两脚有短暂离地过程 ④两只脚能分别连续完成10个向前的滑步	2次测试的最好成绩
	侧滑步	田径场	相距约10米的两条羽毛球场地的边线，指导受试者从一条边线侧向滑步滑至另一条边线，之后面对同一方向返回	①身体侧向滑至标志物 ②一只脚紧跟另一只脚滑动，脚内测碰脚内侧，双脚有短暂离地过程 ③至少完成10次向右侧滑动 ④至少完成10次向左侧滑动	2次测试的最好成绩

（续表）

维度	动作名称	场地/器材	测验方法	测验标准	最后得分
位移	行进间正踢腿	田径场	相距约10米的两条羽毛球场地的边线，指导受试者从一条边线有节奏的向前行进间正踢腿	①左右腿依次上踢 ②一只脚落下，另一只脚才能踢起 ③要有节奏感 ④能连续完成10个向前的行进间正踢腿	2次测试的最好成绩
	高抬腿	田径场	相距约10米的两条羽毛球场地的边线，指导受试者从一条边线有节奏的向前高抬腿	①左右腿依次快速高抬腿动作 ②摆臂协调 ③要有节奏感 ④能连续完成15~20个向前的高抬腿	2次测试的最好成绩
	交叉步移动	田径场	相距约10米的两条羽毛球场地的边线，指导受试者从一条边线交叉步移动至另一条边线，之后面对同一方向返回	①身体侧向交叉步移动至标志物 ②髋关节转动，身体协调移动 ③要有节奏感 ④至少分别完成10次向右、10次向左的交叉步移动	2次测试的最好成绩

第五章　动作技能与大学生体质健康的实证研究

（续表）

维度	动作名称	场地/器材	测验方法	测验标准	最后得分
物体控制	跳绳	田径场、跳绳	不限跳绳的动作形式，连续跳绳若干下，只看跳绳的动作是否正确和协调	①上下肢配合熟练，动作协调 ②动作连续，跳跃轻盈 ③要有节奏感 ④失误率低	2次测试的最好成绩
	单手抛网球	田径场、网球	优势手先进行上抛网球至少3米，落下时同一只手接住，进行3~5次的抛接。之后，换另一只手，要求一样	①上抛动作流畅 ②抛球后球向上竖直飞出 ③向上的高度至少3米，也可以更高 ④下落接球时动作放松，成功接住球	3次测试的最好成绩
	两人拉手对打网球	田径场、网球	两人一组，左手拉左手形成球网，右手当球拍，将网球拖过左手形成的球网	①拖球力量适中，控制球的能力较强 ②脚步移动敏捷 ③蹲地、拖球动作连贯流畅、协调一致	3次测试的最好成绩

69

（续表）

维度	动作名称	场地/器材	测验方法	测验标准	最后得分
物体控制	网球掷远	田径场、网球	以田径场标枪投掷区为起投点，以整个足球场地为投掷区，将网球尽量掷远	①髋部和肩部转动至非优势体侧面对投掷区 ②球从头后至头上抛出，有鞭打动作 ③重心移至前脚和投握手之间，动作连贯流畅、协调一致 ④球投出后投掷臂自然摆过身体至非优势体侧 ⑤投掷距离较远	2次测试的最好成绩
	篮球三步上篮	篮球场、篮球	运球接三步上篮。第一步，持球点前的那一步，第二步，持球点后的第一步，第三步，第二步完了再跨一步上篮	①运球稳定、娴熟，有一定速度 ②运球接上篮动作连贯流畅 ③动作协调一致，有节奏感 ④篮球出手动作柔和	2次测试的最好成绩
	羽毛球发后场高远球	羽毛球场、羽毛球、羽毛球拍	站在本方场地中场附近，使用正手发后场高远球技术动作，将羽毛球发到对方场区的后场底线附近	①上下肢配合熟练，动作协调、连贯 ②发球有高度 ③发球有远度 ④发球有力度 ⑤击球瞬间有旋腕动作	2次测试的最好成绩

第五章 动作技能与大学生体质健康的实证研究

（续表）

维度	动作名称	场地/器材	测验方法	测验标准	最后得分
物体控制	足球脚内侧传球动作	田径场或足球场、足球	两人一组，相隔约10米，进行脚内侧传球	①动作正确、协调 ②摆腿和踢球动作连贯 ③传球准确 ④踢球有一定力度	3次测试的最好成绩
	使用网球的保龄球滚准	田径场、网球	网球、标志物、胶带、8米长的空地。两个标志物相距1米，距离标志物6米处划线，告诉受试者用力将球滚向二个标志物之间	①投球的手后摆动至体后 ②与投球手相对的脚向前迈出一大步 ③双腿弯曲以降低身体重心 ④投出的球贴近地面，不要让球弹起	2次测试的最好成绩

该测量利用体育课时间，以准备活动的形式进行，避免了学生的抵触情绪。教师讲解并示范每一个测试动作，学生练习并测量。既达到了准备活动的效果，也完成了测量任务。动作技能测量分两节体育课测试完，第一节体育课测量移动维度，第二节体育课测量物体控制维度。

2.体质健康测量

体质健康测量主要测量被试的体质健康各指标情况。采用教育部规定的学生体质健康测试，测量内容包括身高体重、肺活量、立定跳远、坐位体前屈、50米、800米、1000米、1分钟仰卧起坐、引体向上。该测量利用体育课时间和周末全校统一测量时间。体育课时间主要测量50米、800米、1000米、1分钟仰卧起坐、引体向上指标，全校统一测量主要测量立定跳远、肺活量、身高体重、坐位体前屈指标。统一使用教育部指定的思博优品牌测量仪器进行测量，成绩占比如表。依据我国在2014年颁布的最新版体质健康测试标准（表2）[1]，综合指标有三项：身体形态、身体机能、身体素质。其中，针对身体形态的测试项目是体质指数（BMI），该项得分占总成绩的15%；针对身体机能的测试项目是肺活量，该项得分占总成绩的15%；针对身体素质的测试项目（和对应的分数占比）是50米跑（20%）、坐位体前屈（10%）、立定跳远（10%）、男生引体向上（10%）、女生1分钟仰卧起坐（10%）、男生1000米跑（20%）、女生800米跑（20%）。

表2 大学生体质健康测试项目和成绩占比

测试指标	测试项目	成绩占比
身体形态	体质指数（BMI）	15%
身体机能	肺活量	15%
身体素质	50米跑	20%
	坐位体前屈	10%
	立定跳远	10%
	男生引体向上/女生1分钟仰卧起坐	10%
	男生1000米跑/女生800米跑	20%

（二）问卷调查法

采用自编的"运动习惯与健康状况调查问卷"，主要调查被试的运动习惯及影响因素情况。该问卷共包括五个部分，第一部分为基本资料，第二部分为运动习惯，第三部分为体育参与阻碍因素，第四部分为

---

[1] 国家学生体质健康标准［Z］.教育部：教体艺〔2014〕5号.

第五章　动作技能与大学生体质健康的实证研究

体育消费，第五部分为健康状况。其中，第一部分、第二部分、第四部分和第五部分采用的是调查问卷形式，第三部分"体育参与阻碍因素量表"采用的是Likert5级量表，1=非常不符合，2=比较不符合，3=一般，4=比较符合，5=非常符合。该问卷一共分为五个因素，学校因素界定为：在学校发生的，与学校理念文化、学业压力、场地器材等相关的阻碍原因。学校因素包括了第1题、第6题、第11题、第16题、第21题、第26题。家庭因素：与父母理念、家庭体育氛围相关的阻碍原因。家庭因素包括了第2题、第7题、第12题、第17题、第22题、第27题。社会因素：在学校和家庭以外的社会体育文化（包括社区体育文化）、体育宣传、体育俱乐部等相关的阻碍原因。社会因素包括了第3题、第8题、第13题、第18题、第23题、第28题。个人因素：与个人运动习惯、动作技能、运动能力相关的阻碍原因。个人因素包括了第4题、第9题、第14题、第19题、第24题、第29题。同伴因素：主要指来自同学、同宿舍室友体育运动氛围的相关阻碍原因。同伴因素包括了第5题、第10题、第15题、第20题、第25题、第30题。测试程序：对主试（任课的体育教师）进行统一培训，规范测试时的指导语。问卷填写是利用学生体育课时间统一填写。

　　对该量表进行信度和效度检验。采用内部一致性信度（Cronbach's alpha系数）作为信度指标对"体育参与阻碍因素量表"进行信度检验，结果发现，量表总体的α系数为0.919。各维度中，学校因素的α系数为0.856，家庭因素的α系数为0.871，社会因素的α系数为0.804，个人因素的α系数为0.871，同伴因素的α系数为0.886。一般来说，α系数值在0.70以上是可以接受的[1]，本研究的总量表α系数值在0.9以上，分量表α系数值均在0.8以上，表明该量表具有很好的信度。之后，进行内容效度检验。

---

[1] Nurmally, J.C.. Psychometric theory（2rd.）[M]. New York：McGraw-Hill, 1978.

结构效度方面：本研究采用了验证新因素分析的方法对量表的结构效度进行检验。结果显示，本量表的各项指标比较理想，其中，RMSEA=0.072，CFI=0.928，GFI=0.868，NFI=0.875，χ^2/df=2.15。RMSEA是近似误差均为方根，该数值低于0.1表示好的拟合指数，一般认为，RMSEA在0.08以下，越小越好。CFI为比较拟合优度指数，大于0.9说明研究者建立的理论模型拟合得较好，一般认为该数值在0.9以上越大越好。χ^2/df在2~5是可以接受的，但因为χ^2/df易受样本容量的影响，对于评价单个模型的意义不大[1]。

（三）访谈法

1. 问卷修订访谈

请16位该领域相关专家进行了3轮问卷的审阅与修订，听取了他们对问卷的修改建议，为研究的深入开展提供建设性意见。专家的修订保证了本量表具有较好的内容效度。专家人员构成详见表3，其中，教授5人，副教授11人。

2. 关于研究的深度访谈

表3 被访谈的专家情况

单位	姓名	职称/级别
中国人民大学	李**	教授
北京师范大学	张**	教授
北京大学	郝**	教授
北京师范大学	李**	教授
中国人民大学	王**	教授
中国人民大学	马**	副教授

[1] 侯杰泰，温忠麟，成子娟.结构方程模型及其应用[M].北京：教育科学出版社，2004.

（续表）

单位	姓名	职称/级别
北京大学	钱**	副教授
中国地质大学（北京）	陈**	副教授
北京建筑大学	胡**	副教授
中国人民大学	吴**	副教授
北京科技大学	窦**	副教授
北京师范大学	李**	副教授
首都体育学院	陈**	副教授
北京林业大学	姜**	副教授
北京航空航天大学	张*	副教授
中国劳动关系学院	武**	副教授

四、结果与分析

（一）体质健康与动作技能发展描述性统计分析

1. 大学生体质健康现状

身体形态通常反映着一个人身体的外部形状和特征；身体机能则指人的整体及其组成的各器官，系统所表现的生命活动；身体素质通常是指人体在各类活动中所表现出来的力量、速度、耐力、灵敏、柔韧等机能，是一个人体质强弱的外在表现。由表4可以看出，参与本次测试的大学生身体形态表现较佳，平均得分14.29，最高得分为满分，而最低得分9分，这表明当前大学生的BMI平均情况良好，这与我国大众对于身体形态重要性的认识密不可分。另外，样本为大一、大二学生，他们刚从高中进入到大学，作息比较规律，学习、生活、饮食受到高中时的影响较大，这也是身体形态较好的另一个原因。身体机能平均得分12.41，得分较高，肺活量主要取决于年龄、性别、身材、呼吸肌强弱及肺和胸廓弹性等因素的影响。大一、大二的学生，高中进行了体育会考，中长跑锻炼效益给身体带来的益处还在影响，加上在大一、大二每周都有体育课，老师也会督促其规律的参加体育锻炼。身体素质平均得分为46.83，整体得分不高，尤其在爆发力、耐力、柔韧性方面得分较低。整体而言，大学生的体质健康水平平均分73.55分，基本达到了国家的要求，但身体素质方面还有待加强。

表4 大学生体质健康综合指标得分（n=325）

	最大值	最小值	平均值	标准差
身体形态	15.00	9.00	14.29	1.52
身体机能	15.00	1.50	12.41	1.95
身体素质	70.60	23.00	46.83	7.05
体质健康总分	97.60	40.10	73.55	8.21

通过描述性统计分析，在性别上，男生不及格占为12.5%，及格占为73.8%，良好占12.5%，优秀占1.2%；而在女生中，体质健康的不及格占0.6%，及格占66.2%，良好占33.1%，优秀为0。总的来看，大学生体质健康评级呈正态分布，其中，大学女生体质健康评级主要集中在合格与良好两个等级，不及格率和优秀率均较少；而大学男生不及格占到了12.5%，远高于女生，及格占到了73.8%，良好和优秀一共占13.7%。可以看出大学男生在体质健康上存在一定的分化，其中一个重要原因是男生的引体向上测试指标大大拉低了男生的体质健康分数；女生相对比较均衡，基本都处于中游水平。另外，体质健康整体优秀率偏低，仅为0.6%。虽然体质健康整体现状尚可，但优秀率极低，还不到1%，说明大学生仅仅保持在一个基本的健康水平，本应最具活力、充满朝气、精力充沛的大学生群体，却因为种种原因，达不到更加卓越的体质健康水平，这将对我国健康事业造成不利的影响。

(1) 不同性别大学生体质健康状况的差异分析

以性别为自变量,以体质健康总分及身体形态、身体机能、身体素质得分为因变量,进行独立样本T检验。从表5可以看出,大学男生在身体形态、身体素质和体质健康的得分上均显著低于大学女生($P<0.05$),而大学女生在身体机能的表现上则略低于大学男生,差异不显著。由于大学生身高变化并不显著,影响BMI得分的主要取决于体重,而女生通常比男生更注重身体形态的美,相对而言女生在控制体重方面的意识比男生强,所以女生在身体形态上的表现通常优于男生;身体机能的性别差异并不显著,男女生在肺活量这项指标的表现良好;身体素质,男生的爆发力通常优于女生,女生在柔韧性方面则有着天然的优势,耐力测试通常男女生的表现都不佳。女生的体质健康平均分显著大于男生平均分,这说明女生整体体质健康要明显优于男生,其中,很重要的原因是男生引体向上成绩大大拉低了男生的体质健康分数。另外,可能因为女大学生更注重身体形态美的因素,在大学时间充裕时,女大学生更多注重通过锻炼来完善自己的体型,无形之中拉开了与男性大学生整体体质健康水平的差异。

表5 不同性别大学生体质健康状况的独立性T检验

	平均数		标准差		P值
	男(N=168)	女(N=157)	男	女	
身体形态	14.08	14.51	1.75	1.20	0.010**
身体机能	12.44	12.38	1.90	2.01	0.774
身体素质	44.25	49.59	7.45	5.36	0.000**
体质健康总分	70.59	76.71	8.92	5.94	0.000**

注:* $P<0.05$,表示差异显著,** $P<0.01$,表示差异十分显著。

（2）不同年级大学生体质健康状况的差异分析

以年级为自变量，以体质健康总分及身体形态、身体机能、身体素质得分为因变量，进行独立样本T检验。从表6可以看出，大二学生在身体形态平均得分（14.32）略高于大一学生（14.26），在身体机能平均得分上大二学生（12.46）也略大一学生（12.37），而大一学生在身体素质平均得分和体质健康平均得分上均高于大二学生（73.98>73.06），但差异均不显著。大一学生刚进入大学校园，作息比较规律，班主任监督也更加严格，他们充满活力，时间相对宽松，认真上体育课且有规律参与锻炼是大一学生的优势，因此，能够较好的保持心肺能力并控制体重。学业压力也会导致其参加体育锻炼的时间遭到压缩，从而导致身体各项素质下降较快，尤其是耐力指标。大二学生相比而言课业压力较大，且他们除了学业较重外，还有一些社会性的事物缠身，占用了部分课余的时间。

表6 不同年级大学生体质健康状况的独立样本T检验

	平均数		标准差		P值
	大一（N=172）	大二（N=153）	大一	大二	
身体形态	14.26	14.32	1.55	1.49	0.715
身体机能	12.37	12.46	2.02	1.89	0.690
身体素质	47.42	46.16	6.56	7.53	0.110
体质健康总分	73.98	73.06	7.62	8.82	0.313

（3）不同生源地大学生体质健康状况的差异分析

根据2019年国家行政区域划分标准以及各省、直辖市的人均GDP，将生源地划分为直辖市（包含北京、天津、上海、重庆）、东南沿海省份（包含浙江、江苏、福建、广东、山东、海南、港澳台）、中原地区（包含湖北、内蒙、安徽、湖南、河南、江西、山西、河北）、西部地区（包含宁夏、新疆、青海、陕西、甘肃、四川、云南、贵州、广西、西藏）、东三省（辽宁、吉林、黑龙江）这五个地区。从表7可以看出，生源地为直辖市与东部沿海省份的大学生体质健康总体表现要优于中原地区、西部地区和东三省。为了探究不同生源地的大学生在身体形态得分、身体机能得分、身体素质得分和体质健康总分上是否存在着差异，以生源地为自变量，以体质健康总分及身体形态、身体机能、身体素质得分为因变量，进行单因素方差分析。结果显示，不同生源地大学生在身体形态和身体机能这两者的得分上均不存在明显的地区差异（$P>0.05$），而在身体素质和体质健康总分上呈现出明显的地区差异（$P<0.05$）。为了进一步了解不同生源地大学生在身体素质和体质健康总分上的差异，对不同生源地大学生的样本进行了事后多重检验。由表8可以看出，直辖市大学生的身体素质得分在与中原地区大学生身体素质得分对比时发现存在显著性差异（$P<0.05$），生源地属于直辖市的大学生身体素质得分明显优于中原地区。此外，在对比直辖市大学生体质健康总分与中原地区大学生体质健康总分时也呈现出同样的结果，即生源地属于直辖市的大学生体质健康总分均显著优于中原地区的大学生。可能与其身处的社会环境、学习环境、体育环境有着密切的关联，相对于中原地区来说，直辖市的经济更为发达，教育资源也更为丰富和完善，物质生活丰富，公共医疗卫生方面也更为全面与完善。众多研究表明，人类的体质健康状况的提高很大程度上与现代社会经济与科技的发展有着紧密的联系。刘瑶（2012）研究表明，我国不同经济发展地区大学生体质现状存在着较为明显的差异，不同地区大学生体质发展状况与该地区经济的发展几乎呈正比例关系[1]。范立仁、顾美蓉等指出：场地、器材不足等外在客观原因是影响学生参加课外体育活动的主要制约

---

[1]刘瑶.大学生视角下《2010年全国学生体质与健康调研》测量效度的调查与思考[J].中国体育科技，2012，48（6）：97-103.

因素[1]。经济的发展不仅给人们带来了不同的生活方式,而且在一定程度上提高了该地区的教育质量,这深刻影响着人们的生长发育水平。由于中原地区人口较多,相较于直辖市而言,该地的学生面临更大的升学压力。例如2020年河南的高考考生总量已达115.8万人,基于河南如此庞大的考生人数,各大高校的招生计划却并没有明显增加,本省份也仅有郑州大学一所211大学,且河南地域广阔,难以做到集中优质教育资源,这就导致了该地区学生的学业压力明显增加,体育锻炼时间常常被压缩,高中学生面临如此大的升学压力常常会感到精神紧张、睡眠不足,这都会深刻影响着其体质健康水平。相较于河南而言,北京2020年的高考考生仅4.9万人,而北京的教育资源集中且完备,各大高校云集,其中985院校8所,211大学26所,这些重点大学对本省的招生计划人数均有一定的数量倾斜,这就使得地处北京的学生的升学压力相较于其他省份要小得多,参加锻炼的时间也会显著提高。

表7 不同生源地大学生体质健康差异分析

	地区	N	平均值	标准差	F	P
身体形态	直辖市	48	14.19	1.61	1.453	0.216
	东南沿海省份	82	14.61	1.19		
	中原地区	115	14.13	1.72		
	西部地区	57	14.36	1.47		
	东三省	23	14.06	1.40		
身体机能	直辖市	48	12.46	1.54	0.661	0.620
	东南沿海省份	82	12.23	1.83		
	中原地区	115	12.62	2.35		
	西部地区	57	12.33	1.66		
	东三省	23	12.13	1.68		

[1] 范立仁,顾美蓉,王华倬,等.全国学生参加课外体育活动现状的研究[J].体育科学,2000(2):7-11.

（续表）

	地区	N	平均值	标准差	F	P
身体素质	直辖市	48	50.05	5.90	4.547	0.001**
	东南沿海省份	82	47.20	7.03		
	中原地区	115	45.11	7.29		
	西部地区	57	46.70	6.38		
	东三省	23	47.68	7.56		
体质健康总分	直辖市	48	76.72	6.87	3.693	0.006**
	东南沿海省份	82	74.24	8.22		
	中原地区	115	71.61	8.71		
	西部地区	57	73.61	7.47		
	东三省	23	74.06	7.95		

注：*$P<0.05$，表示差异显著；**$P<0.01$，表示差异十分显著。

表8　事后多重检验（仅列出显著组）

	（I）生源地分布	（J）生源地分布	平均值差值（I-J）	标准误差	P值
身体素质	直辖市	中原地区	4.935*	1.08914	0
体质健康总分	直辖市	中原地区	5.116*	1.28138	0.001

注：*$P<0.05$，表示差异显著；**$P<0.01$，表示差异十分显著。

2. 大学生动作技能现状

位移技能是动作技能的重要组成部分，同时也是人的基本运动技能之一，通常指走、跑、跳、滑动等能产生位置移动的运动技能，而物体控制性技能通常是对制器械进行控制的基本运动技能，身体要对器械主动发力或在控制和接收来物时要缓冲器械的冲击力，这类动作包括投、接、踢、击打等动作。动作技能则是有机体使用骨骼肌的能力，依赖各个器官的配合，需要学习获得并表现出精确连贯的活动方式，包括诸如走、爬等低级动作技能和诸如运球、击打等体育运动的高级动作技能，具有后天习得性、时间空间结构不变性、任务驱动性、自动化性等特点。

由表9可以看出，参与测试的大学生位移技能平均得分为4.63，而物体控制技能平均得分为4.66。

表9　大学生动作技能得分

动作技能	最大值	最小值	平均值	标准差
位移技能	7.00	1.00	4.63	1.21
物体控制技能	7.00	1.00	4.66	1.31

（1）不同性别大学生动作技能水平的差异分析

以性别为自变量，以位移技能和物体控制技能得分为因变量，进行独立样本T检验。由表10可以看出，男大学生的位移技能得分与物体控制技能得分明显高于女大学生（$P<0.01$，$P<0.05$）。男生通常比女生更喜爱参与体育运动，在运动中，位移技能与物体控制技能得到不断反复练习和巩固发展。相较于男生，高校女生多处于青春期的后期，身体形态发展趋于完善。与男生相比，女生在体育教学活动中，身体反应迟钝，懒散且不愿动弹，有些力不从心，对于力量大、运动量大、技术难的动作有种特殊的抵触感；情感较为内向、敏感、含蓄、爱美；在意志上表现为畏难，缺少战胜困难的毅力，表现于各种体育运动中，情感波

表10　不同性别大学生动作技能水平的独立样本T检验

动作技能	平均数 男（$N=168$）	平均数 女（$N=157$）	标准差 男	标准差 女	P值
位移技能	4.86	4.38	1.29	1.08	0.000**
物体控制技能	4.82	4.47	1.39	1.19	0.015*

注：* $P<0.05$，表示差异显著；** $P<0.01$，表示差异十分显著。

动较大、懒、耐力差、厌脏、怕晒、恐惧、不愿意多做练习等，这些导致女大学生相比男大学生，更不经常参与体育运动，也可能进一步导致女大学生动作技能发展的比男生稍差。

（2）不同年级大学生动作技能水平的差异分析

以年级为自变量，以位移技能和物体控制技能得分为因变量，进行独立样本T检验。由表11可以看出，大二学生在位移技能平均得分（4.74）略高于大一学生（4.53）；在物体控制技能的平均得分上大二学生（4.75）也略高于大一学生（4.57），但差异均不显著（$P>0.05$）。

表11　不同年级大学生动作技能水平的独立样本T检验

动作技能	平均数		标准差		P值
	大一（N=172）	大二（N=153）	大一	大二	
位移技能	4.53	4.74	1.06	1.36	0.111
物体控制技能	4.57	4.75	1.06	1.55	0.243

（3）不同生源地大学生动作技能水平的差异分析

为了探究不同生源地的大学生在位移技能和物体控制技能上是否存在着显著差异，以生源地为自变量，以位移技能和物体控制技能得分为因变量，进行单因素方差分析。由表12可以看出，无论是在位移技能还是物体控制技能的表现上，生源地来自直辖市的大学生均要好于其他地区的大学生。不同地区的经济发展水平不均衡，生活条件、教育投入、基础教育建设均存在差异，因此本研究假设不同生源地大学生在动作技能水平上存在差异。但结果却没有证实我们的预期研究假设。我们分析，随着教育改革的不断深化，国家和地方推出了一系列加快推进青少年素质教育、确保青少年每天锻炼一小时等相关的政策和文件，再如2020年9月21日国家体育总局和教育部联合颁布的《关于深化体教融合促进青少年健康发展的意见》等类似文件的颁布,可见,从国家到地方,从直辖市到西部地区、中原地区,各级各类教育部门、体育部门都会认真落实文件精神,这也在一定程度上推进了全国各地基础教育。

表12　不同生源地大学生动作技能水平的差异检验

动作技能	地区	N	平均值	标准差	F	P
位移技能	直辖市	48	4.79	0.84	0.879	0.477
	东南沿海省份	82	4.67	1.32		
	中原地区	115	4.58	1.19		
	西部地区	57	4.69	1.31		
	东三省	23	4.25	1.28		
物体控制技能	直辖市	48	4.96	1.07	1.277	0.279
	东南沿海省份	82	4.72	1.21		
	中原地区	115	4.47	1.28		
	西部地区	57	4.65	1.46		
	东三省	23	4.71	1.76		

(二)大学生体质健康与动作技能的相关研究

2014年颁布的《国家体质健康标准》,大学生体质健康水平主要通过身体形态、身体机能、身体素质三个维度的得分来衡量。而动作技能则由位移技能与物体控制技能所组成。因此,将反映体质健康的身体形态得分、身体机能得分、身体素质得分及体质健康平均分四个指标与反映动作技能的位移技能得分与物体控制技能得分两个指标进行皮尔逊相关性分析。

由表13可见,反映大学生体质健康的身体形态维度指标和身体机能维度与动作技能的位移技能维度及物体控制技能维度不存在显著相关性

第五章 动作技能与大学生体质健康的实证研究

表13 动作技能与体质健康的相关分析（N=325）

		身体形态	身体机能	身体素质	体质健康总分
位移技能	相关系数	0.097	0.088	0.155**	0.170**
	P值	0.081	0.115	0.005	0.002
物体控制技能	相关系数	0.094	0.103	0.320**	0.322**
	P值	0.091	0.062	0.000	0.000

注：* $P<0.05$，表示相关显著；** $P<0.01$，表示相关十分显著。

（$P>0.05$）。这与任园春（2013）[1]、吴升扣和姜桂萍等人（2015）[2]的研究存在一定的一致性，儿童阶段的身体形态与动作技能的发展无明显的相关关系。我们通常认为身体形态呈现超重或肥胖的儿童在体育运动上的表现较差，相对而言我们更愿意相信拥有适宜身高与体重的青少年在身体协调、柔性、力量、柔韧等身体素质上表现优异。但在本研究中进一步发现了大学生的身体形态也与动作技能没有显著的相关性。

由表13还可以看出，反映大学生体质健康的身体素质维度与反映动作技能的位移技能和物体控制技能两个维度均存在显著的相关性（$P<0.01$）。其中，身体素质与位移技能的相关系数为0.155（$P<0.01$），表示两者呈显著的正向相关关系；身体素质与物体控制技能的相关系数为0.320（$P<0.01$），说明身体素质与物体控制技能有着显著的正向相关关系。张柳、李红娟等人（2020）研究指出[3]，个体在幼儿时期即展示出了身体素质与动作技能之间的关联，身体素质提高带来的协调性、稳定性的良好发展会对其动作技能的发展起到积极的促进

---

[1] 任园春, 赵琳琳, 王芳, 等. 不同大肌肉动作发展水平儿童体质、行为及认知功能特点[J]. 北京体育大学学报, 2013, 36（3）: 79-84.

[2] 吴升扣, 姜桂萍, 张首文, 等. 3~6岁幼儿粗大动作发展特征与体质健康水平的研究[J]. 中国儿童保健杂志, 2015, 23（2）: 172-175.

[3] 张柳, 李红娟, 王欢, 等. 幼儿基本动作技能与身体素质的关联性[J]. 中国学校卫生, 2020, 41（4）: 554-557.

作用，而动作技能的发展又能够为之后学习更为复杂的技术动作打下坚实的基础。王欢、胡水清等人（2019）[1]运用典型相关探究了身体素质与动作技能的关联，认为走、跑、跳等位移技能的掌握对身体素质的提高大有助益，动作技能的学习也需要平衡、灵敏、速度、力量等身体素质的支持，而拍球、接球、击球等技术动作需要神经系统的协调配合与较高的感知觉，这些系统的发展与儿童身体素质的发展有着紧密的关联。此外有研究认为，物体操作技能技能好的青少年相对而言更为积极参与体育活动，在强度较大的体育运动中，其身体素质的提高较为明显[2]。由此可见，身体素质的提高与动作技能的发展有着密切的关联，两者起着相互促进的作用。

体质健康平均分与动作技能的位移技能和物体控制技能两项指标存在相关关系。其中，体质健康与位移技能的相关系数为0.170（$P<0.01$），而体质健康与物体控制技能的相关系数为0.322（$P<0.01$），这表明大学生体质健康的发展与位移技能、物体控制技能的发展之间存在显著的正向相关关系，即体质健康与动作技能存在显著的正向相关关系。由此可见，大学生体质健康的提高会在一定程度上促进其动作技能的发展，同时，大学生动作技能的发展，又能够反过来促进其身体素质的提高，形成一个良性循环。

（三）动作技能与体质健康的多元回归分析

1. 位移技能与体质健康的多元回归分析

通过上述分析可以发现，体质健康与位移技能具有十分显著的相关

---

[1] 王欢，胡水清，李一辰. 学前儿童动作技能与身体素质水平的典型相关分析[J]. 中国体育科技，2019, 55（6）: 46-51.

[2] Vandorpe B, Vandendriessche J, Vaeyens R, et al. Relationship between sports participation and the level of motor coordination in childhood: A longitudinal approach [J]. Journal of science & Medicine in Sport, 2012, 15（3）: 220-225.

性。为进一步探究体质健康与位移技能的关联,以位移技能得分为自变量,以体质健康总分为因变量,建立线性回归模型。由表14可以看出,位移技能得分与体质健康总分的R为0.170,该模型的R方为0.029,意味着位移技能总分可以解释体质健康总分的2.9%变化原因,可以认为位移技能在一定程度上影响着体质健康的水平。另外,对模型进行F检验时发现模型通过F检验($F=9.573$,$P=0<0.01$),说明模型构建有意义,可以认为位移技能与体质健康有显著的相关性。该模型给出的常数项为68.232,回归系数为1.149。对回归系数进行T检验,可以得出$t=3.094$($P<0.01$),意味着位移技能会对体质健康产生极其显著的正向影响关系,即位移技能得分可以在一定程度上可以对体质健康总分起到预测作用,学生的位移技能越好,其体质健康水平也就越高。综合上述分析,结合表14可以得出位移技能与体质健康的回归方程模型:体质健康=68.232+1.149×位移技能总分。位移技能通常用来表示个体在空间中进行位置移动的能力,在我们的日常生活中占据着着必不可少的地位,对青少年而言,位移技能的发展在很大程度上影响着今后的生活、学习等,无论是简单的走、跑、跳,还是复杂的动作组合、各类体育项目都依赖于位移技能的发展,其重要性不言而喻,常见的位移技能通常包含走、跑、跳、滑步等,良好的位移技能表现不仅能够进一步提高运动能力,也是提高体质健康的重要基础。

表14 体质健康与位移技能的回归分析($N=325$)

	非标准化系数 B	标准误差	标准化系数 Beta	t	P	F
常数	68.232	1.777		38.398	0	9.573
位移技能	1.149	0.371	0.170	3.094	0.002**	

注:* $P<0.05$,表示相关显著;** $P<0.01$,表示相关十分显著。

2. 物体控制技能与体质健康的多元回归分析

通过相关分析我们可以发现，体质健康与物体控制技能具有十分显著的相关性。为进一步探究体质健康与物体控制技能的关联，以物体控制技能得分为自变量，以体质健康总分为因变量，建立线性回归模型。由表15可以看出，体质健康与物体控制技能的R为0.322，该模型的R方为0.104，意味着物体控制技能得分可以解释体质健康总分的10.4%变化原因，因此可以认为物体控制技能在一定程度上影响着体质健康。另外，对模型进行F检验时发现模型通过F检验（$F=37.438$，$P=0.000<0.01$），说明模型构建有意义，可以认为体质健康与物体控制技能有着显著的相关性。该模型给出的常数项为64.157，回归系数为1.149。对回归系数进行T检验，可以得出$t=3.094$（$P<0.01$），意味着物体控制技能会对体质健康产生极其显著的正向影响关系，物体控制技能得分会在一定程度上对体质健康总分产生预测功能，即大学生的物体控制技能的提高会促进其体质健康水平的提升。综合上述分析，结合表可以得出体质健康与物体控制技能的回归方程模型：体质健康=64.157+1.149×物体控制技能。物体控制技能则主要指操作和控制物体的能力，包含投、击、踢、接等。物体控制技能在学校、家庭和社区都有着广泛的应用，熟练地掌握物体控制技能不仅有利于青少年积极参与各类体育锻炼，而且能够在一定程度对其体质健康的提升产生正向迁移作用。物体控制技能相较于位移技能更具有难度，提高大学生的物体控

表15 体质健康与物体控制技能的回归分析（$N=325$）

	非标准化系数		标准化系数	t	P	F
	B	标准误差	Beta			
常数	64.157	1.595	0.170	40.225	0.000**	37.438
物体控制技能	1.149	0.371		3.094	0.000**	

注：* $P<0.05$，表示相关显著；** $P<0.01$，表示相关十分显著。

制技能，能够使得他们在学习诸如网球、羽毛球等体育项目时感到更加轻松、得心应手，在课余体育活动中也可以避免因为某种运动技能没有掌握或不够熟练而拒绝该项运动，这就可以进一步培养大学生对体育运动的兴趣与爱好，达到终身体育的目的。

3. 动作技能整体与体质健康的回归分析

动作技能的位移技能和物体控制技能两个维度与体质健康均存在显著的相关性，并且能够在一定程度上对体质健康总分产生预测功能。为了探究动作技能两个维度对体质健康的影响程度，将位移技能、物体控制技能两个维度作为自变量，将体质健康总分作为因变量，进行线性回归模型。由表16可以看出，将动作技能整体与体质健康进行线性回归后该模型的调整后R方为0.099，意味着动作技能整体可以解释体质健康总分的9.9%的变化原因，从而可以推断出大学生的动作技能发展水平会在一定程度上影响体质健康状况。另外，对模型进行F检验时发现模型通过F检验（$F=18.777$，$P=0.000<0.01$）。位移技能的回归系数为-0.201（$P>0.05$），意味着位移技能可能不会对体质健康总分产生显著的影响；物体控制技能的回归系数为2.127（$P<0.05$），意味着物体控制技能会对体质健康总分产生显著的影响作用，即物体控制技能表现越好，其体质健康状况也会更好。由以上数据可以得出位移技能、物体控制技能对体质健康的回归方程模型：体质健康=64.579–0.201×位移技能 + 物体

表16 动作技能整体与体质健康的回归分析（N=325）

	非标准化系数 B	标准误差	标准化系数 Beta	t	P	F
常数	64.579	1.847	—	34.966	0.000**	
位移技能	–0.201	0.441	–0.030	–0.455	0.649	18.777
物体控制技能	2.127	0.408	0.340	5.216	0.000**	

注：* $P<0.05$，表示相关显著；** $P<0.01$，表示相关十分显著。

控制技能×2.127。通常来说，位移技能的练习较为枯燥，难以激发学生的学习热情。在中小学田径通常为必修课，学生迫于无奈经常练习各类跑跳动作，进而使位移技能得到较好的发展。而在大学阶段虽然有体育必修课，但是体育项目往往是自己选择的，通常大学生们倾向于选择篮球、排球、羽毛球等球类运动，而不愿意选择上课乏味的田径课。在球类运动中他们不仅能够充分体现个人魅力，还能够发展团队协作精神，提高交际能力，相对于又累又无趣的位移技能训练，物体控制技能的练习更加适合大学生的需求，因此在大学阶段，大学生对于物体控制技能的练习可能要更多一些，且物体控制多体现在球类运动中，经常参与这类运动的大学生对于自身的动作技能自信较高，他们多具有规律运动的习惯，体质健康水平相对较好。但需要注意的是，在发展物体控制技能的同时也要注意位移技能的协调发展，使得两者共同促进体质健康的提高。

（四）运动习惯对体质健康与动作技能的影响

1. 运动习惯的描述性统计分析

运动习惯模块主要包含5个问题，这5个问题分别为除体育课外的运动频率、运动项目、运动时间、运动强度、运动周期。

（1）运动频率情况

调查发现（表17），每周不参与体育运动的学生人数为17人，其中男生11人，女生6人，占总人数的5.2%；每周参与1次体育运动的学生人数为125人，其中男生69人，女生57人，占总人数的38.6%；每周参与2次体育运动的学生人数为121人，其中男生54人，女生67人，占总人数的37.2%；每周参与3次体育运动的学生人数为45人，其中男生23人，女生22人，占总人数的13.8%；4次以上的学生人数为17人，其中男生11

人，女生6人，占总人数的5.2%。通过上述数据可以看出，每周除体育课外，至少能够保证1次以上体育运动的学生人数为308人，占总人数的94.8%。这表明目前大学生在课下有一定的体育运动参与意愿。但同时也可以看出，每周身体活动频次3次及以上人数仅有62人，占总人数的19%。大一、大二的学生有体育课，体育教师可以在课上积极引导、告知锻炼方法，鼓励学生课下有规律地积极参与体育锻炼，甚至可以布置成体育课后作业，让学生下课后自行按照要求完成并打卡或记录。

表17 每周参加的运动次数

类别	男生	女生	合计	百分比
0次	11	6	17	5.2%
1次	69	57	125	38.6%
2次	54	67	121	37.2%
3次	23	22	45	13.8%
4次及以上	11	6	17	5.2%

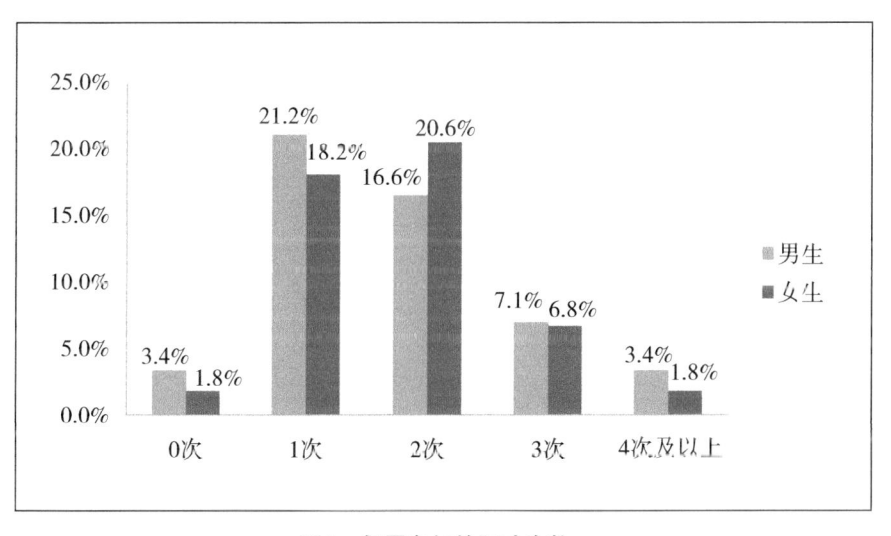

图1 每周参加的运动次数

（2）参加运动项目情况

从表18可以看出，跑步、走路、羽毛球、游泳是排名比较靠前的大学生喜欢参加的体育项目，从项目特征可以看出，不需要太多运动技能的项目占有绝对优势。跑步、走路这两个项目，女生比例均高于男生，这两个项目不需要太多体育运动指导，就可以在免费开放的操场上按照自己的规划进行。这两个项目是有氧效果较好的项目，同学可以根据自身身体情况控制强度，同时这两个项目最大的好处就是时间的便利性，随时可以开始，随时可以结束，时间上很好把控；另外是参与的便利性，穿着运动服、运动鞋就可以参加。男生选择羽毛球占总人数比高于女生。羽毛球作为我国受众群体较多的项目，深受大学生的喜爱。多数

表18 参加体育项目（多选）

体育项目	男生（N=437）人数	百分比	女生（N=389）人数	百分比	合计（N=826）人数	百分比
足球	8	1.83%	0	0	8	1.83%
篮球	26	5.95%	3	0.77%	29	6.72%
排球	5	1.14%	7	1.80%	12	2.94%
乒乓球	30	6.86%	12	3.08%	42	9.94%
羽毛球	64	14.65%	45	11.57%	109	26.22%
网球	6	1.37%	3	0.77%	9	2.14%
跑步	112	25.63%	106	27.25%	218	52.88%
游泳	53	12.13%	41	10.54%	94	22.67%
走路	81	18.54%	108	27.76%	189	46.31%
健身	45	10.30%	25	6.43%	70	16.73%
健美操	1	0.23%	6	1.54%	7	1.77%
跳绳	5	1.14%	16	4.11%	21	5.25%
其他	1	0.23%	17	4.37%	18	4.60%

同学都可以打起回合，对于健身娱乐式打法的多数同学来说，羽毛球运动强度不算太大，有一定的技巧性，且趣味性较强。另外值得一提的是羽毛球的团队性较强，一般都是几名同学相约一起去打球，可见同伴参与的激励性在此起到了重要的作用。游泳作为水上项目，是很好的有氧运动项目，且游泳是运动损伤风险较小的项目。在项目的选择上，我们可以看出一定的性别差异。在足球、篮球、乒乓球、羽毛球、网球、游泳、健身等项目上，男生比例高于女生，通过观察这些项目不难发现，这些基本都属于竞技类、技巧类、对抗类项目，且运动强度偏大，对体力要求很高，符合男生追求对抗、技术、刺激、竞争等生理和心理因素的特征。相比之下，跑步、走路、健美操、跳绳、排球等体育项目更受到女生的青睐，此类运动的运动量更容易控制，对于体能的要求也相对较低，对抗激烈程度相对较小，而且能够在一定程度上塑造形体美，其运动特点符合女生的生理特点，而且迎合当代女生对于身体形态美的追求。大学体育教学需要结合男女的需求和爱好来设置，以充分适应其体

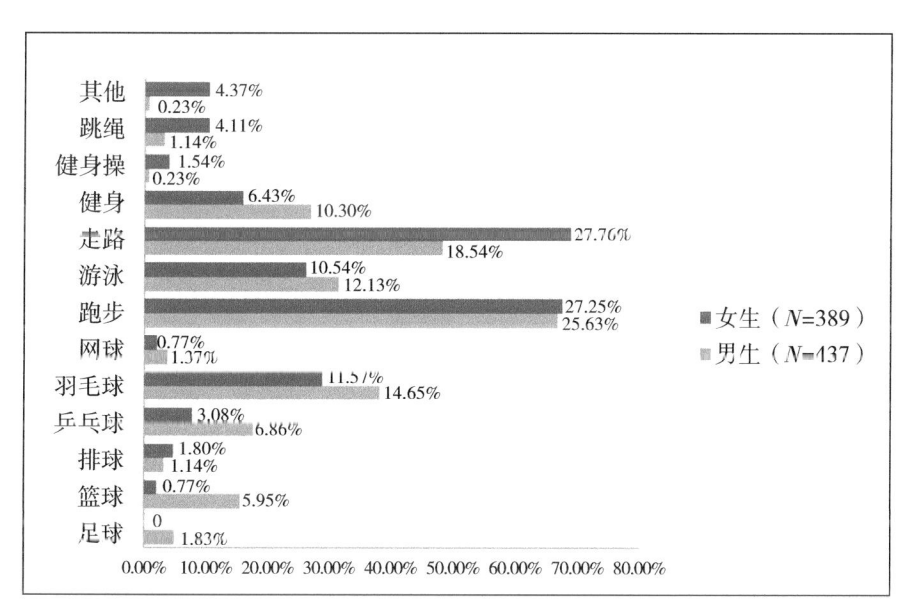

图2 参加运动项目情况

育运动的需求，培养其一到两项体育项目的兴趣，达到终身体育的目的。

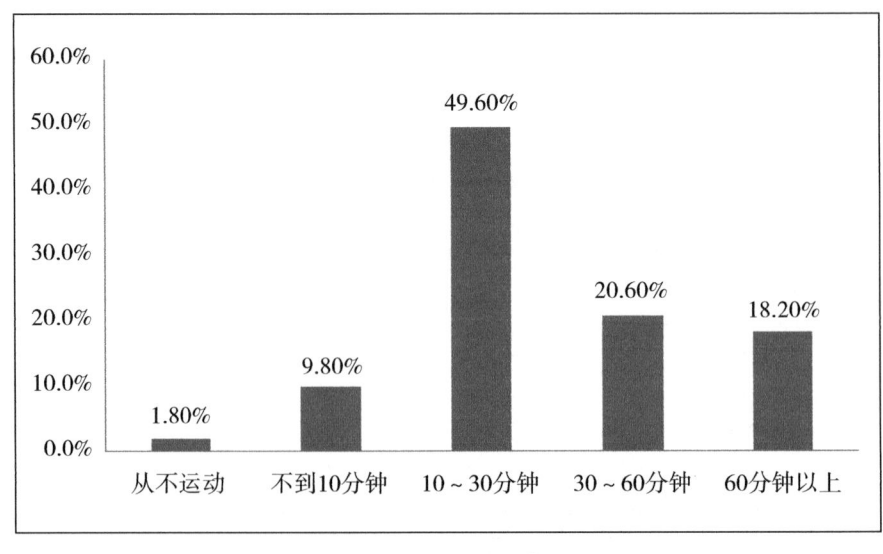

（3）每次运动时间情况

由表19可以看出，每次运动时间不到10分钟的学生有32名，占比9.8%；每次运动时间在10~30分钟的学生有161人，占比49.6%；每次运动时间在30~60分钟的学生有67名，占比20.6%；每次运动时间在60分

表19 每次运动时间情况

类别	人数	百分比
从不运动	6	1.8%
不到10分钟	32	9.8%
10~30分钟	161	49.6%
30~60分钟	67	20.6%
60分钟以上	59	18.2%

图3 每次运动时间情况

钟以上的学生有59人，占比18.2%。个人时间安排、兴趣度、场地器材设施、经济状况、运动技能等方面都会影响学生的体育参与时间。在我国，一般认为每次体育活动时间在30分钟以上的人是满足体育人口标准的其中一个条件。

（4）运动强度情况

由表20可以看出，8.6%的学生在运动时感觉一点不累，表明这些学生在参与体育运动时没有达到很好的锻炼效果。有些学生可能对于体育运动理解存在一定的误区，以为只要去锻炼了，就可以很好地提高身体健康水平，他们往往忽略了运动强度。对于这些学生，体育教师应告知运动强度对于参与体育锻炼、提高身体健康的重要性。另外，运动时感觉有一点累的学生占比16.9%，而感觉较累和非常累的学生占比分别为34.8%和38.2%，占据了绝大多数，这些学生在体育运动中达到锻炼的要求，起到了较好的锻炼效果。但同时也需要注意，感觉非常累的学生占比也较多，如果每次运动后都感觉非常疲惫，会在身体疲劳时大大加剧受伤的风险；会对他们下一次进行的体育锻炼产生一定的阻碍作用；在身体感觉非常疲劳时，身体的抵抗力就会下降，反而更容易引起疾病。在每次运动感觉非常累的学生中还有一部分学生可能是因为体质较差，平常缺少锻炼，导致心肺功能变差，特别容易疲劳，因此要多鼓励学生进行体育锻炼，提高心肺能力，提高运动能力。

表20 运动强度情况

类别	人数	百分比
从不运动	5	1.5%
一点不累	28	8.6%
有一点累	55	16.9%
较累	113	34.8%
非常累	124	38.2%

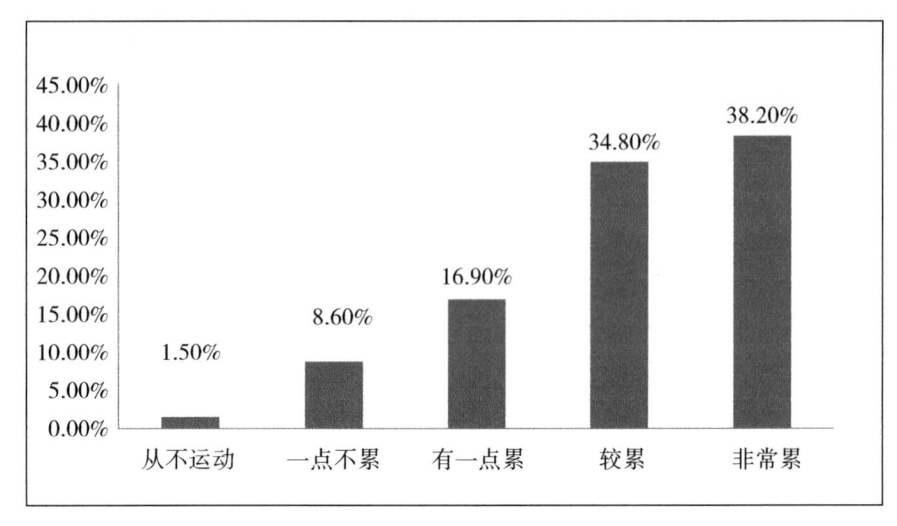

图4 运动强度情况

（5）运动周期情况

由表21可以看出，8%的学生还未养成运动习惯，刚开始运动的学生有106人，占比32.7%，运动持续时间在1~6个月的学生有91人，占比28.0%；运动时间在6~12个月的学生70人，占比21.5%；而运动持续时间在1年以上的学生有32人，占比9.8%。体育运动坚持的时间越长，反映学生的意志力表现也就越好，整体来看，拥有稳定、规律的运动习惯的学生还是占较小的比例。大学相对于初高中拥有的可支配时间更多，

表21 运动周期情况

类别	人数	百分比
还没养成习惯	26	8.0%
刚开始	106	32.7%
1~6个月	91	28.0%
6~12个月	70	21.5%
1年以上	32	9.8%

第五章　动作技能与大学生体质健康的实证研究

如果能够培养一到两项长期坚持的体育运动，对于学生人格的塑造、身体的发展、心情的放松具有显著的影响，能够使学生在学习和未来的工作中更加顺利、得心应手。

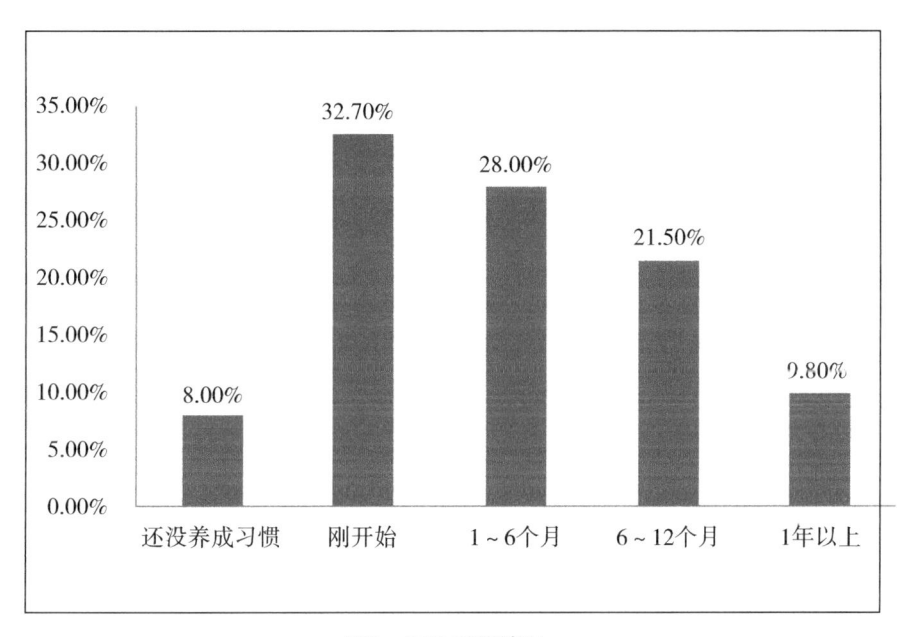

图5　运动周期情况

2.运动习惯对体质健康的影响

通过相关性分析与多元回归分析来探究运动习惯对大学生体质健康、动作技能的影响。

（1）运动习惯与体质健康的相关分析

将体质健康与运动习惯的运动频率、每次运动时间、运动强度、运动周期共四个指标进行皮尔逊相关性分析。

由表22可以看出，运动频率、运动时间、运动强度、运动周期四个指标均与体质健康呈十分显著的正相关（$P<0.01$）。提高学生的体质

97

健康水平，养成良好的体育运动习惯是"终身体育"的追求。体质健康受到众多因素的影响，如家庭、社会、自身、环境等因素，良好的运动习惯对学生体质健康的促进是非常明显的，大学生的肌肉系统、神经系统以及骨骼肌等人体重要系统均已接近成人，适当的体育锻炼不仅能够促进其身体的发育，还能够促进其心理的发展。有研究表明，经常参与体育运动的大学生的肌肉以及骨骼更坚实，身体形态表现也更佳；运动不仅可以提高肌红蛋白含量，而且有助于燃烧多余的脂肪；此外，适宜的体育运动能够在一定程度上提高心肺能力和呼吸系统机能，改善循环系统，进而促进机体的新陈代谢能力。运动习惯的形成与个体自身的性格特点、运动能力的强弱、学校和家庭的体育氛围、对体育价值的认识均存在一定的关联，这些因素都在一定程度上影响着学生运动习惯的养成。沈建彬（2017）研究表明，大学生体育锻炼的次数与时间深刻影响着其体质健康状况，培养大学生的运动习惯是促进其体质健康的提高与形成终身体育意识的关键[1]。赵多生（2017）认为，体育锻炼的兴趣、运动习惯、体育锻炼的次数与时间以及生活习惯等因素影响着当代大学生的体质健康，高校应该提供专业的教师指导其体育锻炼，增强学生对体育的兴趣与意识，培养良好的生活习惯[2]。陈晓莉（2014）对辽宁师范大学1600名大学生的体质测试成绩与体育行为进行了相关性探

表22 运动习惯与体质健康的相关分析（N=325）

		运动频率	运动时间	运动强度	运动周期
体质健康	相关系数	0.263**	0.367**	0.296**	0.395**
	P值	0.000	0.000	0.000	0.000

注：* $P<0.05$，表示相关显著；** $P<0.01$，表示相关十分显著。

---

[1] 沈建彬. 大学生体育行为习惯与体质健康的耦合关系分析[J]. 黑河学院学报，2017，8（12）：153-154.

[2] 赵多生. 大学生体育行为习惯对体质健康的影响[J]. 当代体育科技，2017，7（3）：24-25.

究，结果表明，大学生的体质健康水平与体育锻炼习惯呈现显著的正相关性，大学生体质水平较低的一个重要原因就是未能养成合理的运动习惯[1]。可见，良好的运动习惯以及对体育价值的认识对大学生体质健康的提升具有良好的促进作用。

（2）运动习惯与体质健康的回归分析

将运动频率、运动时间、运动强度、运动周期作为自变量，将体质健康作为因变量，进行多元线性回归分析。由表23可以看出，该模型调整后的 R 方值为0.230，对模型进行 F 检验时发现模型通过 F 检验（$F=25.168$，$P<0.01$），说明运动频率、运动时间、运动强度、运动周期这四项指标中至少会有一项对体质健康产生显著的影响关系。该模型给出的常数项为55.199（$P<0.01$）；运动频率的回归系数为0.950（$P<0.01$），意味着运动频率会对体质健康产生显著的正向影响关系；运动时间的回归系数为1.462（$P<0.01$），意味着运动时间能够对体质健康产生显著的正向影响关系；运动强度与运动周期的回归系数分别为1.343（$P<0.01$）和1.828（$P<0.01$），这表明该两项指标对体质健康也会产生非常显著的正向影响。通过表23呈现的数据可以发现，运动习惯能够较好地预测体质健康，综合上述分析，可以得出运动习惯对体质健康的回归方程模型：体质健康=55.199+0.950×运动频率+1.462×运动时间+1.343×运动强度+1.828×运动周期。大学生良好运动习惯的养成，有赖于教师、学生自身、学校、社会等因素的多重作用，例如，国家一直推崇的"健康第一""终身体育"的指导思想在一定程度上促进了大学生运动习惯的形成，众多研究表明，维持良好的运动习惯，不仅可以有效地提高力量、速度、耐力、协调等多项素质，而且对运动系统、神经系统、心肺功能均有一定程度的提升，这对提升其体质健康水平起着重要的作用。

---

[1]陈晓莉.辽宁师范大学大学生体质与体育相关锻炼行为研究[D].大连：辽宁师范大学，2014.

表23 运动习惯与体质健康的回归分析

	非标准化系数 B	标准误差	标准化系数 Beta	t	P	F
常数	55.199	2.035	—	27.120	0.000**	
运动频率	0.950	0.463	0.109	2.053	0.041*	
运动时间	1.462	0.490	0.171	2.985	0.003**	25.168
运动强度	1.343	0.421	0.167	3.192	0.002**	
运动周期	1.828	0.404	0.249	4.520	0.000**	

注：* $P<0.05$，表示相关显著；** $P<0.01$，表示相关十分显著。

3. 运动习惯对动作技能的影响

（1）运动习惯与动作技能的相关分析

将位移技能和物体控制技能与运动习惯的运动频率、每次运动时间、运动强度、运动周期四个指标进行皮尔逊相关性分析。从表24可以看出，运动频率与位移技能、物体控制技能均不存在显著的正相关关系（$P>0.05$）；运动时间与位移技能、物体控制技能均存在十分显著的正相关性（$P<0.01$）；运动强度与位移技能、物体控制技能都具有十分显著的正向相关关系（$P<0.01$）；运动周期与位移技能、物体控制技能也存在显著的正相关关系（$P<0.05$）。

表24 运动习惯与动作技能的相关分析（$N=325$）

		运动频率	运动时间	运动强度	运动周期
位移技能	相关系数	0.082	0.220**	0.153**	0.118*
	P值	0.070	0.000	0.003	0.017
物体控制技能	相关系数	0.074	0.303**	0.141**	0.237**
	P值	0.092	0.000	0.006	0.000

注：* $P<0.05$，表示相关显著；** $P<0.01$，表示相关十分显著。

(2) 运动习惯与动作技能的多元回归分析

以运动频率、运动时间、运动强度、运动周期作为自变量，以动作技能的位移技能作为因变量，进行多元线性回归分析。结果如表25所示，该模型调整后的R方值为0.044，对模型进行F检验时发现模型通过F检验（$F=4.708$，$P<0.01$），说明运动频率、运动时间、运动强度、运动周期这四项指标中至少会有一项对位移技能产生显著的影响关系，针对模型的多重共线性进行检验发现，模型中VIF值全部小于5，意味着不存在着共线性问题。该模型给出的常数项为3.352（$P<0.01$）；运动频率的回归系数为0.007（$P>0.05$），意味着运动频率不会对位移技能产生影响；运动时间的回归系数为0.227（$P<0.01$），意味着运动时间会对位移技能产生显著的正向影响关系；运动强度与运动周期的回归系数分别为0.103（$P>0.05$）和0.023（$P>0.05$），这表明该两项指标对位移技能并不会产生非常影响关系。由此可以得出运动频率、运动时间、运动强度、运动周期对位移技能的回归方程模型：位移技能=3.352+0.007×运动频率+0.227×运动时间+0.103×运动强度+0.023×运动周期。

表25 运动习惯与位移技能的多元回归分析

	非标准化系数 B	标准误差	标准化系数 Beta	t	P	F
常数	3.352	0.335	—	10.012	0.000**	
运动频率	0.007	0.076	0.006	0.095	0.924	
运动时间	0.227	0.081	0.180	2.821	0.005**	4.708
运动强度	0.103	0.069	0.086	1.482	0.139	
运动周期	0.023	0.067	0.021	0.339	0.735	

注：*$P<0.05$，表示相关显著；**$P<0.01$，表示相关十分显著。

以运动频率、运动时间、运动强度、运动周期作为自变量，以动作技能的物体控制技能作为因变量，进行多元线性回归分析。结果如表26所示，该模型调整后的 R 方值为0.100，对模型进行 F 检验时发现模型通过 F 检验（F=9.951，P<0.01），说明运动频率、运动时间、运动强度、运动周期这四项指标中至少会有一项对物体控制技能产生显著的影响关系，针对模型的多重共线性进行检验发现，模型中VIF值全部小于5，意味着不存在共线性问题。该模型给出的常数项为3.066（P<0.01）；运动频率的回归系数为-0.085（P>0.05），意味着运动频率不会对体质健康产生影响关系；运动时间的回归系数为0.349（P<0.01），意味着运动时间对物体控制技能会产生显著的正向影响关系；运动强度与运动周期的回归系数分别为0.033（P>0.05）和0.170（P>0.05），表明该两项指标对物体控制技能不会产生影响关系。动作技能是通过后天的不断学习形成的，因此后天的体育运动习惯深刻影响着动作技能。动作技能是通过身体的反复练习，使得动作越发熟练，从而获得动作技能的提升。运动频率代表着学生运动参与的次数，而运动时间代表着每次运动的持续时长，通过上述数据分析可以发现，次数的增加不一定能够带来动作技

表26 运动习惯与物体控制技能的多元回归分析

	非标准化系数		标准化系数	t	P	F
	B	标准误差	Beta			
常数	3.066	0.351	—	8.723	0.000**	
运动频率	-0.085	0.080	-0.061	-1.066	0.287	
运动时间	0.349	0.085	0.255	4.119	0.000**	9.951
运动强度	0.033	0.073	0.025	0.450	0.653	
运动周期	0.170	0.070	0.145	2.432	0.016*	

注：* P<0.05，表示相关显著；** P<0.01，表示相关十分显著。

能的提升，但运动时间的长短却能够对动作技能产生显著的正向影响，并且运动时间的长短还能在一定程度上预测动作技能的发展。有研究即表明，想要提升动作技能发展水平，运动频率应至少保持每周两次，而每次运动时间应至少保持30~40分钟，这样的练习频率保持8~16周才能对动作技能的提升起到良好的效果[1]。桂春燕、王荣辉（2018）通过整合大量文献，指出动作技能与体力活动存在显著的正相关关系，其关联程度随着年龄的增加而更加密切[2]。运动的强度代表了每次运动的质，而运动时间代表着每次运动的量，运动周期则反映着青少年运动习惯的持续时长，这三者对运动技能的形成与发展有着密切的关联，青少年如果想提高自身的动作技能发展水平，就应养成长期的体育运动习惯，提高运动的质和量，这样才能更高效的达成提升动作技能的目的。

4.运动习惯在动作技能和体质健康之间的中介效应

（1）运动习惯在位移技能与体质健康之间的中介效应

本研究拟采用Hayes（2012）编制的SPSS宏中的Model4（Model 4为简单的中介模型）[3]，以位移技能为自变量，运动习惯为中介变量，体质健康为因变量，对运动习惯在位移技能与体质健康之间关系的中介效应进行了检验，从而得出了表27、表28。

---

[1] 辛飞，蔡玉军，鲍冉，等.国外幼儿基本动作技能干预研究系统评述[J].体育科学，2019，39（2）：83-97.

[2] 桂春燕，王荣辉，刘鑫.儿童基本动作技能与体力活动关联性研究进展[J].体育学刊，2019，26（2）：89-95.

[3] Hayes A. F. (2012). PROCESS: A versatile computational tool for observed variable mediation, moderation, and conditional process modeling. Manuscript Submitted for Publication.

表27 运动习惯在位移技能与体质健康之间的中介效应模型检验

	体质健康（第一步）			运动习惯（第二步）			体质健康（第三步）		
	B	t	P	B	t	P	B	t	P
位移技能	1.149	3.094	0.002**	0.119	3.813	0.000**	0.488	1.452	0.148
运动习惯	—	—	—	—	—	—	5.571	9.467	0.000**
常量	68.232**			2.729**			53.034**		
R方	0.029			0.043			0.240		
F值	9.573**			14.540**			50.916**		

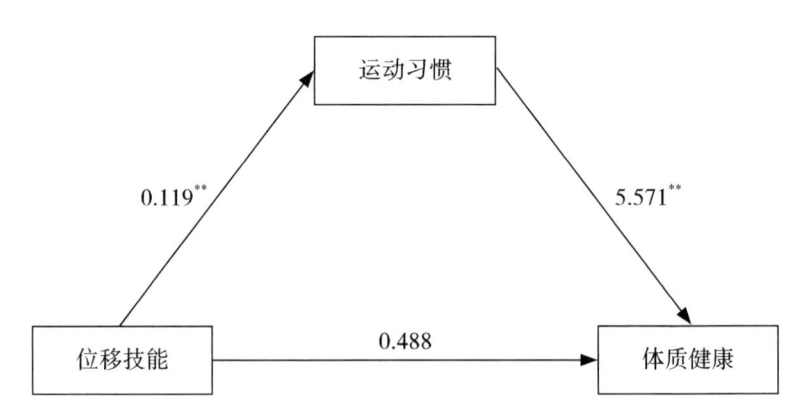

注：* $P<0.05$，表示相关显著；** $P<0.01$，表示相关十分显著。

图6 运动习惯在位移技能与体质健康之间的中介效应

表28 中介效应、直接效应与总效应分解

	效应值	Boot 标准误差	Boot CI 下限	Boot CI 上限	效应占比
中介效应	0.661	0.220	0.254	1.110	57.51%
直接效应	0.488	0.304	−0.111	1.082	42.49%
总效应	1.149	0.362	0.430	1.840	—

假设位移技能为X（自变量），运动习惯为M（中介变量），体质健康为Y（因变量），可以得出以下三个回归方程。

第一步：$Y=68.232+1.149X$

第二步：$M=2.729+0.119X$

第三步：$Y=53.034+0.488X+5.571M$

由表27可知，位移技能对体质健康具有显著的正向影响（$B=1.149$，$t=3.094$，$P<0.01$），位移技能对运动习惯呈现非常显著的正向预测作用（$B=0.119$，$t=3.813$，$P<0.01$）。当在位移技能与体质健康中加入运动习惯这个中介变量时，结果显示运动习惯对体质健康也具有显著的正向影响作用（$B=5.571$，$t=9.467$，$P<0.01$），但与此同时，位移技能对体质健康的影响却变得不显著（$B=0.488$，$t=1.452$，$P>0.05$）。

从表28可以看出，运动习惯在位移技能对体质健康影响中的中介效应值为0.661，并且Bootstrap95%置信区间的上、下限均不包含0，表明运动习惯在位移技能与体质健康之间的中介效应显著。因此，运动习惯在位移技能与体质健康之间起到部分中介效应，中介效应占总效应的57.51%。位移技能作为日常生活中最实用、最常用的一类技能，而运动习惯的养成有助于位移技能的进一步提升，同时，位移技能的提升也能够通过运动习惯的中介作用对体质健康产生显著的正向影响。由此可见，大学生拥有良好的运动习惯不仅可以促进位移技能的提升，而且可以在一定程度上促进体质健康的提升，这表明运动习惯与位移技能对体质健康的提升发挥着重要的作用。

（2）运动习惯在物体控制技能与体质健康之间的中介效应

采用Hayes（2012）编制的SPSS宏中的Model 4（Model 4为简单的中介模型），以物体控制技能为自变量，运动习惯为中介变量，体质健康为因变量，对运动习惯在物体控制技能与体质健康之间关系的中介效应进行了检验，从而得出了表29、表30。

表29 运动习惯在物体控制技能与体质健康之间的中介效应模型检验

	体质健康			运动习惯			体质健康		
	B	t	P	B	t	P	B	t	P
物体控制技能	2.018	6.119	0.000**	0.147	5.190	0.000**	1.273	4.113	0.000**
运动习惯	—	—	—	—	—	—	5.080	8.670	0.000**
常量	64.157**			2.595**			—	50.976**	
R方	0.104			0.077			—	0.274	
F值	37.438**			26.932**			—	60.601**	

注：* $P<0.05$，表示相关显著；** $P<0.01$，表示相关十分显著。

表30 中介效应、直接效应与总效应分解

	效应值	Boot 标准误差	Boot CI 下限	Boot CI 上限	效应占比
中介效应	0.745	0.203	0.377	1.184	36.90%
直接效应	1.273	0.294	0.692	1.835	63.10%
总效应	2.018	0.326	1.377	2.669	—

假设物体控制技能为 X（自变量），运动习惯为 M（中介变量），体质健康为 Y（因变量），可以得出以下三个回归方程。

第一步：$Y=64.157+2.018X$

第二步：$M=2.595+0.147X$

第三步：$Y=50.976+1.273X+5.080M$

由表29可知，物体控制技能对体质健康具有显著的正向影响（$B=2.018$，$t=6.119$，$P<0.01$）。物体控制技能对运动习惯同样也具有显著的正向影响（$B=0.147$，$t=5.190$，$P<0.01$）。当在物体控制技能与体质健康之间增加运动习惯这个中介变量时，则运动习惯对体质健

康有着显著的正向影响（B=5.080，t=8.670，P<0.01），与此同时，物体控制技能对体质健康的影响仍然十分显著（B=1.273，t=4.113，P<0.01）。

由表30可以看出，运动习惯在物体控制技能与体质健康之间的中介效应值为0.745，采用Bootstrap方法对中介效应的显著性进行检验，结果表明，中介效应95%的置信区间为（0.377，1.184），区间内不含有0，中介效应显著，这表明物体控制技能不仅能够直接影响体质健康，而且能够通过运动习惯的中介作用影响体质健康。因此，运动习惯在物体控制技能与体质健康之间起到部分中介的作用，中介效应占比36.90%。对于大学生而言，物体控制技能显然更受欢迎，相较于乏味的位移技能练习，物体控制技能的练习活动也有着更多乐趣，我国许多大学的网球场、羽毛球场、篮球场、足球场等体育运动场地都供不应求，对于这些运动，大学生们有着较高的热情。当个体在运动中可以感受到乐趣、放松身心、缓解学习压力时，就会促使他们形成良好的运动习惯。当定期释放压力、愉悦身心成为一种常态，体育锻炼的时间多了，物体控制技能也得到了一定的提升。可见，物体控制技能不仅可以影响大学生的体质健康水平，而且可以通过培养学生的运动习惯这条纽带来联结与体质健康的关联，进而促进学生的体质健康水平。

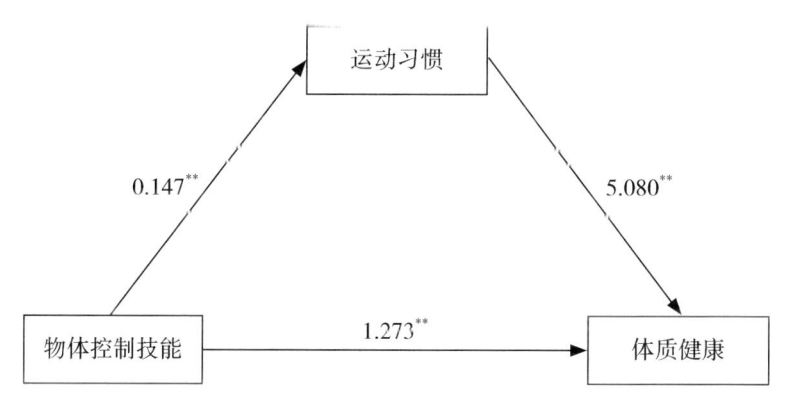

图7　运动习惯在物体控制技能与体质健康之间的中介效应

(五)基础教育对体质健康与动作技能的影响

基础教育的调查包含了体育教学与体育考试两个维度,其中体育教学维度包含了4个问题,体育考试维度包含了2个问题,合计6个问题,详见表31。

表31 基础教育阶段体育教学调查

体育教学维度	①初中体育课是否出现放羊式教学
	②高中体育课是否出现放羊式教学
	③初中体育课是否出现被占用
	④高中体育课是否出现被占用
体育考试维度	①中学时代是否有跳绳考试
	②中学时代体育考试是否严格

1.体育教学维度调查情况

(1)初中体育课放羊式教学情况

放羊式体育教学通常指体育教师在课上无指导、缺少教学计划、缺少责任心,放任学生进行自由活动。由表32可以看出,认为初中体育教师在教学时经常存在放羊式教学的学生占比55.3%,而认为初中体育课偶尔存在或完全没有放羊式体育教学的学生分别占比为30.2%和14.5%。场地器材的缺乏、教师的专业技能不够、怕苦怕累、课程被占用使得课程无连贯性等因素深刻影响着体育教学的质量。在我国部分不发达地区,体育师资的缺乏导致体育课经常由其他科目的老师兼任,这些老师缺少相关的体育知识,技术示范不够规范,体育教学方法落后,因此只能经常放任学生进行自由活动,这使得学生对体育课产生一种固有思维，认为体育课就是自由活动课，这极大地限制了学生对体育价值的认识，同时也导致运动技能教学的缺失，体育教学质量难以达到国家规定的预期水平。

表32 初中体育课堂放羊式教学情况

类别	人数	百分比
非常多	42	12.8%
较多	91	28.0%
有点多	47	14.5%
偶尔	98	30.2%
完全没有	47	14.5%

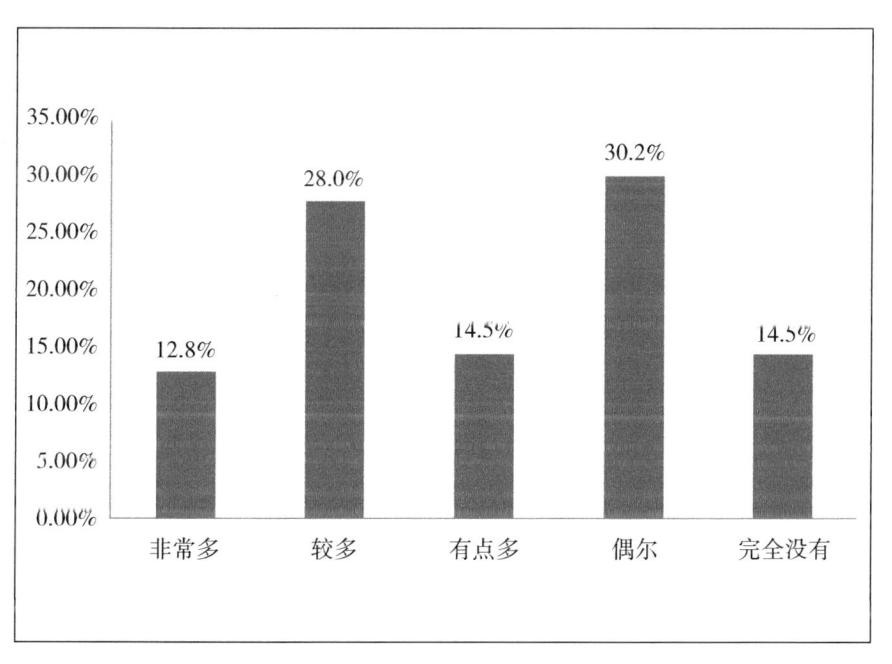

图8 初中体育教学放羊式教学情况

（2）高中体育课放羊式教学情况

由表33可以看出，认为高中体育教师在教学时经常存在放羊式教学的学生占比60.6%，而认为高中体育课偶尔存在或完全没有放羊式体育教学的学生分别占比为24%和15.4%。相对于初中，由于高中文化课学

表33　高中体育课放羊式教学情况

类别	人数	百分比
非常多	39	12.0%
较多	105	32.3%
有点多	53	16.3%
偶尔	78	24.0%
完全没有	50	15.4%

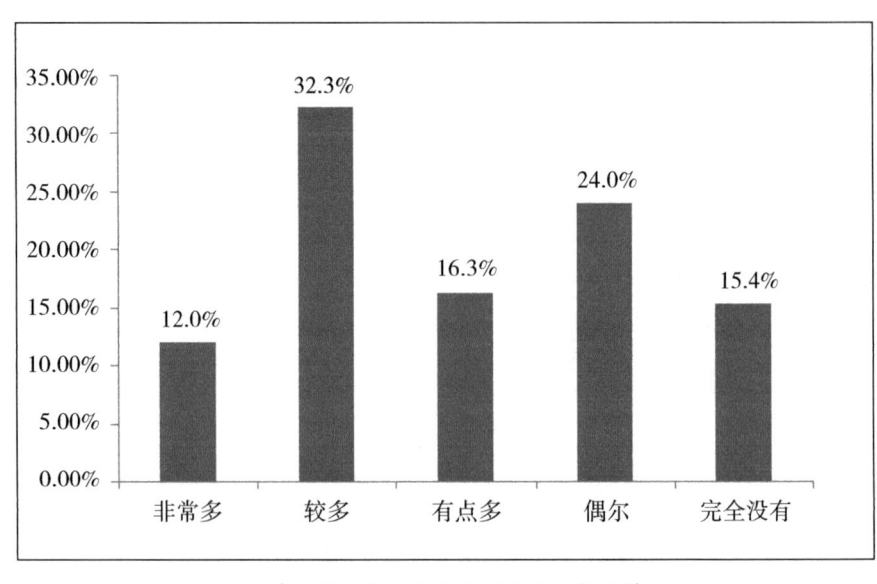

图9　高中体育教师体育教学放羊式教学情况

习压力较大，导致部分学校片面追求升学率，违背素质教育初衷，重智育而轻体育。这会使得学生的体育课程被压缩、学生的体质健康水平得不到提升、心理压力无处释放，这不仅不能提升学生的学习成绩，反而可能导致学生的学习效率低下。体育教学质量的保证与学校领导的重视程度有着密切的关联，依法保障体育课质量，落实学校体育各项工作，提升体育师资力量是消除放羊式教学的有效手段。

（3）初中体育课被占用情况

通过调查发现（表34），认为初中体育课经常被占用的人数占比41.2%，初中体育课偶尔被占用的人数占比43.7%，仅有15.1%的学生的体育课从未被占用。无论在农村还是城市，体育的开课率难以得到保障，经常容易受到其他文化课老师的挤占，体育课常常成为摆设，体育与健康课程的整体性遭到破坏，学生每天锻炼一小时也难以实现。初中时期正是青少年身体机能发展的黄金时期，如果在这个时期没有注重体育锻炼，会导致学生骨骼肌、身体机能等方面的发展受到阻碍。体育课被挤占，体育教育的权利被剥夺，身心发展受到阻碍，违背了我国开设体育教学课的初心。

表34 初中体育课被占用情况统计

类别	人数	百分比
非常多	21	6.5%
较多	71	21.8%
有点多	42	12.9%
偶尔	142	43.7%
完全没有	49	15.1%

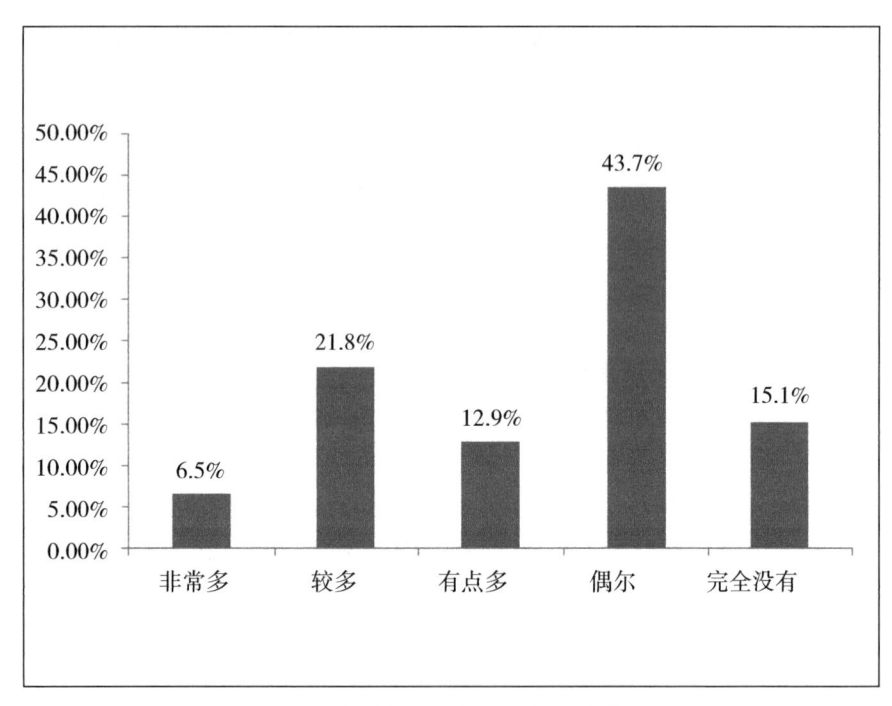

图10 初中体育课被占用情况统计

（4）高中体育课被占用情况

通过调查发现（表35），认为高中体育课经常被占用的人数占比39.1%，高中体育课偶尔被占用的人数占比36.3%，仅有24.6%的学生的体育课从未被占用。高中是学业任务最繁重、心理压力最大的时期，只有保持良好的健康状态，才能保证持久高效的学习状态，此时的健康状况直接挂钩学生的成绩表现，保障这一条件的体育课程依旧出现常被占用的情况。从结果来说，不仅青少年时期系统的健康课程难以保障，缺少了体育课这一情绪压力抒发的有效途径，还可能引发学生心理上的负面影响，对学生成绩和健康都有不利影响。

第五章 动作技能与大学生体质健康的实证研究

表35 高中体育课被占用情况统计

类别	人数	百分比
非常多	17	5.2%
较多	59	18.2%
有点多	51	15.7%
偶尔	118	36.3%
完全没有	80	24.6%

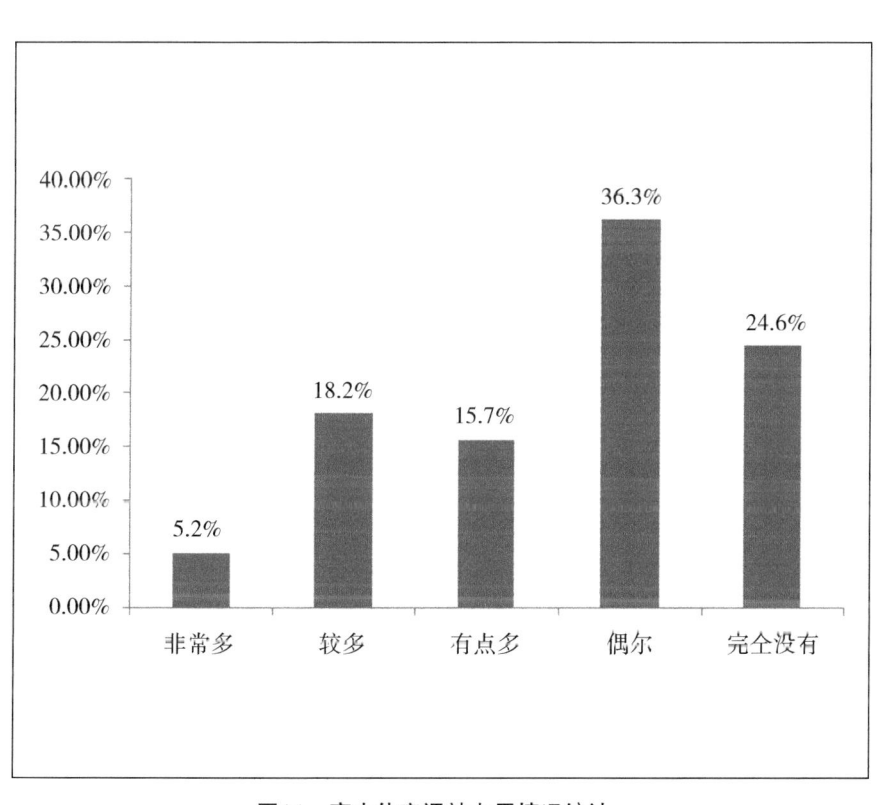

图11 高中体育课被占用情况统计

113

2. 体育考试维度调查

（1）中学时代跳绳考试情况

通过调查发现（表36），75.7%的学生中学时期的跳绳测试在一次左右，只有24.3%的中学生每年有1~2次的跳绳测试。跳绳可有效提高学生的心肺功能与身体协调能力，测试的目的是督促学生的锻炼，借以提升相关身体素质能力，从跳绳测试的次数大致可以了解到跳绳运动的开展情况，显然并不理想。

表36　中学时代是否有跳绳考试统计

类别	人数	百分比
初高中一共1次	111	34.1%
高中毕业有1次	8	2.5%
初中毕业有1次	127	39.1%
每年有1次	40	12.3%
每学期有1次	39	12.0%

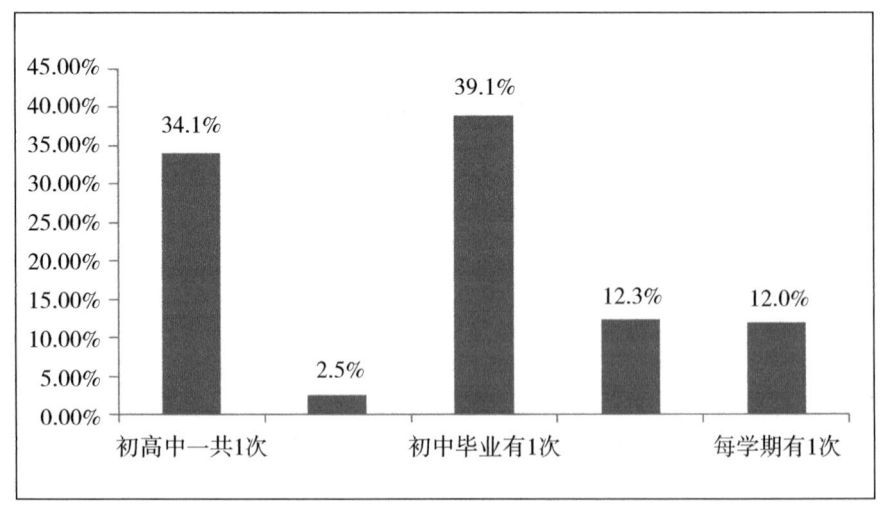

图12　中学时代是否有跳绳考试统计

（2）中学时代体育考试严格情况

调查发现（表37），只有19.1%的学生反映中学时期有较为严格的体育测试，同时有超过50%的学生表示中学时期的体育测试并不严格，体育测试并不是评价学生体育健康的唯一标准，却可从其执行情况看学校师生对于体育的重视程度，过半数敷衍了事的体育测试，不仅起不到检测学生体质健康、敦促学生锻炼身体的作用，还会给学生灌输体育无用的观念，影响学生终生体育观念的形成，成为学生养成健康习惯的一大阻碍。

表37 中学时期体育考试严格情况

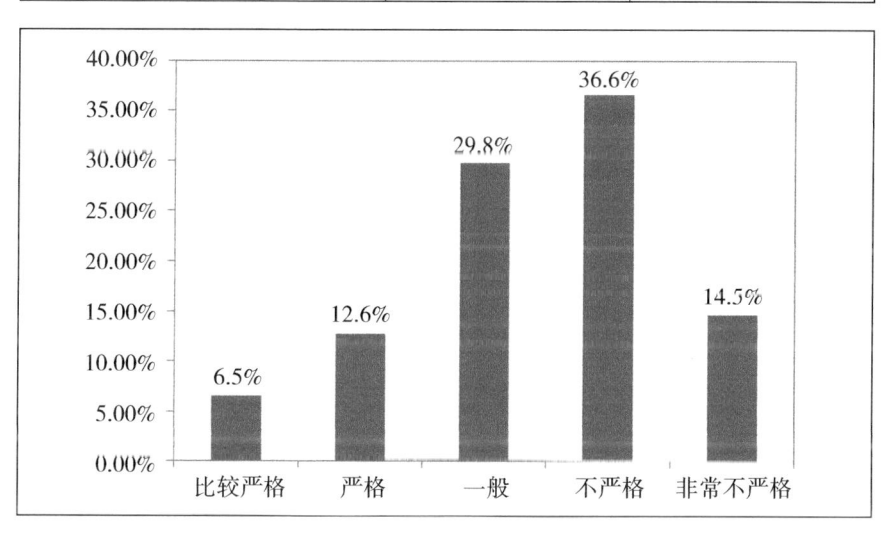

类别	人数	百分比
比较严格	21	6.5%
严格	41	12.6%
一般	97	29.8%
不严格	119	36.6%
非常不严格	47	14.5%

图13 中学时期体育考试严格情况

3. 基础教育对体质健康状况的影响

（1）基础教育对体质健康的相关分析

由表38可以看出，基础教育中的体育教学维度与体质健康呈现显著的正向相关关系，相关系数为0.308（$P<0.01$）；基础教育中的体育考试维度与体质健康也存在着显著的正相关，相关系数为0.196（$P<0.01$）。

表38　基础教育与体质健康的相关分析（N=325）

		体育教学	体育考试
体质健康	相关系数	0.308**	0.196**
	P值	0.000	0.000

注：*$P<0.05$，表示相关显著；**$P<0.01$，表示相关十分显著。

（2）基础教育对体质健康的回归分析

以体育教学、体育考试两个维度作为自变量，将体质健康作为因变量，进行多元线性回归分析。由表39可以看出，该模型调整后的R方值为0.096，对模型进行F检验时发现模型通过F检验（$F=18.206$，$P<0.01$），说明体育教学、体育考试这两项指标中至少会有一项对体质健康产生显著的影响关系。该模型给出的常数项为63.594（$P<0.01$）；体育教学的回归系数为2.358（$P<0.01$），意味着体育教学情况会对

表39　基础教育与体质健康的回归分析

	非标准化系数		标准化系数	t	P	F
	B	标准误差	Beta			
常数	63.594	1.764	—	36.047	0.000**	
体育教学	2.358	0.495	0.273	4.764	0.000**	18.206
体育考试	0.758	0.491	0.089	1.543	0.124	

注：*$P<0.05$，表示相关显著；**$P<0.01$，表示相关十分显著。

体质健康产生显著的正向影响关系；而体育考试的回归系数为1.462（$P<0.01$），意味着体育考试不会对体质健康产生显著的正向影响关系。每个人在中小学所接受的教育是至关重要的，甚至影响着他们一生。在我国，中小学的体育教学目标主要还是以培养学生对体育的兴趣、爱好和习惯为主，进而促进他们的身心健康的协调发展，使其成为一个社会主义的合格人才。2018年9月10日习近平总书记在全国大会上即着重强调了"健康第一"的教育思想，对于学校体育而言，增进学生的身心健康已成为我国学校体育发展的根本和方向[1]。本研究发现，体育教学情况与体质健康水平有着非常显著的正向相关性，且体育教学情况能够对学生的体质健康水平起到十分显著的预测作用，也就意味着体育教学水平得到提高，学生的体质健康水平也能够在一定程度上得到相应的提高。体育教学水平的提高，有赖于国家战略、各级教育行政部门、学校、体育教师等众多因素，而现如今还存在着一些学校体育场地设施存在的缺失和安全隐患。学校体育教育与提升学生体质健康关联不强，体育与健康课程的质量偏低，学生日常学习压力不断压榨着课余锻炼时间，课下的体育活动难以得到有效的指导，这些原因都在很大程度上影响学生的身心健康水平。完善学校体育制度、加强健康教育、培养学生良好的体育运动习惯、提高师资力量等都可以在一定程度上缓解这些问题[2]。体育考试情况在某种程度上反映着体育教学的效果，学校体育本应以体育教学目标为导向，通过体育教学制约着体育考试的方向，而现在很多学生却以国家规定的体育考试为导向，体育教学主要以传授各种技能以求技评达标，这严重偏离的我国开设体育与健康课程的初衷。基础教育的缺失很可能会导致学生形成固有思维，认为体育是个

---

[1] 季浏. 增进学生身心健康是我国学校体育发展的根本和方向——学习贯彻习近平总书记在全国教育大会上的重要讲话精神[J]. 吉首大学学报, 2020, 41（1）: 28-37.
[2] 刘斌, 张戈. "健康中国2030"背景下学校体育的困境与对策[J]. 体育文化导刊, 2019（4）: 6-11.

无关紧要的学科,从而导致学生体育锻炼意识普遍下降,养成了许多不良的生活习惯,甚至对大学体质健康的测试闻之色变[1]。重视基础教育,提高运动水平,使得学生认识到体育存在的真正价值,是体育教学的基本要求,也是"终身体育"思想的重要体现。

4. 基础教育对动作技能的影响

(1) 基础教育与动作技能的相关分析

表40可以看出,基础教育的体育教学和体育考试两个维度与反映动作技能的位移技能、物体控制技能两个维度均存在显著的正向相关关系($P<0.01$)。

表40 基础教育与动作技能的相关分析($N=325$)

		体育教学	体育考试
位移技能	相关系数	0.211**	0.222**
	P值	0.000	0.000
物体控制技能	相关系数	0.322**	0.236**
	P值	0.000	0.000

注:* $P<0.05$,表示相关显著;** $P<0.01$,表示相关十分显著。

(2) 基础教育与位移技能的回归分析

以体育教学、体育考试作为自变量,将位移技能作为因变量,进行多元线性回归分析。由表41可以看出,该模型调整后的R方值为0.062,对模型进行F检验时发现模型通过F检验($F=11.655$,$P<0.01$),说明体育教学、体育考试这两项指标中至少会有一项对位移技能产生显著的影响关系。该模型给出的常数项为3.392($P<0.01$);体育教学的回归系数

---

[1] 战美迎. 大学生体质健康与学校健康教育缺失研究[J]. 黑龙江科学,2017,8(15): 174–175.

为0.012（$P<0.05$），意味着体育教学情况会对位移技能产生显著的正向影响关系；而体育考试的回归系数为0.207（$P<0.01$），意味着体育考试同样也会对体质健康产生显著的正向影响关系。综合上述分析，可见基础教育的体育教学与体育考试两个维度可以较好预测位移技能，因此，可以得出体育教学与体育考试对位移技能的回归方程模型。

位移技能=3.392+0.187×体育教学+0.207×体育考试

表41　基础教育与位移技能的回归分析

	非标准化系数		标准化系数	t	P	F
	B	标准误差	Beta			
常数	3.392	0.265	—	12.785	0.000**	11.655 $P=0.000**$
体育教学	0.187	0.074	0.147	2.516	0.012*	
体育考试	0.207	0.074	0.164	2.807	0.005**	

注：* $P<0.05$，表示相关显著；** $P<0.01$，表示相关十分显著。

（3）基础教育与物体控制技能的回归分析

以体育教学、体育考试作为自变量，将物体控制技能作为因变量，进行多元线性回归分析。由表42可以看出，该模型调整后的R方值为0.112，对模型进行F检验时发现模型通过F检验（$F=21.520$，$P<0.01$），说明体育教学、体育考试这两项指标中至少会有一项对物体控制技能产

表42　基础教育与物体控制技能的回归分析

	非标准化系数		标准化系数	t	P	F
	B	标准误差	Beta			
常数	2.906	0.279	—	10.408	0.000**	21.520
体育教学	0.374	0.078	0.272	4.774	0.000**	
体育考试	0.177	0.078	0.129	2.272	0.024*	

注：* $P<0.05$，表示相关显著；** $P<0.01$，表示相关十分显著。

生显著的影响关系。该模型给出的常数项为3.392（$P<0.01$）；体育教学的回归系数为0.374（$P<0.01$），意味着体育教学情况会对物体控制技能产生显著的正向影响关系；而体育考试的回归系数为0.177（$P<0.05$），意味着体育考试同样也会对物体控制技能产生显著的正向影响关系。综合上述分析，可见基础教育的体育教学与体育考试两个维度可以较好预测物体控制技能，因此，可以得出体育教学与体育考试对物体控制技能的回归方程模型。

物体控制技能=2.906+0.374×体育教学+0.177×体育考试

动作技能的形成，是人类不断适应环境的结果，同时也是促进个体身心发展的重要基础，因此在中小学的动作教育就显得尤其重要。从婴儿刚出生时吸吮动作到幼儿期的爬行、站立、行走、跑步、持碗筷、进食等精细动作技能，再到中小学时期更加深入的学习各种技术动作，使得儿童粗大动作技能也会得到相应的发展，而这些都需要在反复的练习与他人指导、纠正中完成。我们可以发现，基础教育对动作技能有着非常显著的正向影响，而且基础教育还能够对个体动作发展起着显著的预测功能，这表明中小学的基础教育在个体动作发展的进程中起着不可或缺的地位。学校教育是促进个体动作发展的重要形式，重视学校动作教育，摒弃应试教育，追求课堂的自由活泼、生动趣味是体育动作教育发展的最终导向[1]。王兴泽、黄永飞（2014）针对动作发展中动作发展序列理论与实践、当前体育与健康的课程标准、教师用书、教科书中相关运动技能学习内容设计进行研究分析，认为动作整体发展序列的阶段性、可预见性、基础性动作与生理年龄的相关性；而部分发展序列中特定项目的动作特征形象与特征途径的组合性[2]。可见，中小学时期的

---

[1] 钱建龙.对动作教育的若干思考[J].体育学刊，2007（1）：82-84.
[2] 王兴泽，黄永飞，谢东北，等.动作发展序列理论及体育教学案例分析[J].北京体育大学学报，2014，37（3）：98-106.

动作技能的形成是有其特定的年龄特征，在这个阶段如果动作教育得到重视，可以使得他们能够更加轻松地掌握各类体育技能，进而提高体质健康水平。

5. 基础教育在动作技能与体质健康之间的中介效应

（1）体育教学因素在位移技能与体质健康之间的中介效应

本研究采用Hayes（2012）编制的 SPSS 宏中的Model 4（Model 4为简单的中介模型），以位移技能为自变量，体育教学因素为中介变量，体质健康为因变量，对体育教学在位移技能与体质健康之间关系的中介效应进行了检验，从而得出了表43、表44。

表43　体育教学因素在位移技能与体质健康之间的中介效应

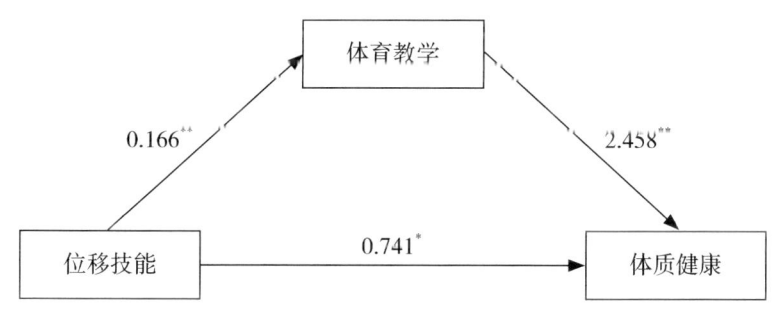

	体质健康			体育教学			体质健康		
	B	t	P	B	t	P	B	t	P
位移技能	1.149	3.094	0.002**	0.166	3.887	0.000**	0.741	2.030	0.043*
体育教学	—	—	—	—	—	—	2.458	5.288	0.000**
常量	68.232**			2.481**			62.134**		
R方	0.029			0.445			0.106		
F值	9.573**			15.107**			19.167**		

注：* $P<0.05$，表示相关显著；** $P<0.01$，表示相关十分显著。

图14　体育教学因素在位移技能与体质健康之间的中介效应

表44 中介效应、直接效应与总效应分解

	效应值	Boot 标准误差	Boot CI 下限	Boot CI 上限	效应占比
中介效应	0.408	0.130	0.185	0.685	35.51%
直接效应	0.741	0.363	0.034	1.470	64.49%
总效应	1.149	0.367	0.422	1.880	—

假设位移技能为X（自变量），体育教学为M（中介变量），体质健康为Y（因变量），可以得出以下三个回归方程。

第一步：$Y=68.232+1.149X$

第二步：$M=2.481+0.166X$

第三步：$Y=62.134+0.741X+2.458M$

由表43可以看出，位移技能对体质健康具有显著的正向影响（$B=1.149$，$t=3.094$，$P<0.01$），位移技能对体育教学呈现非常显著的正向预测作用（$B=0.166$，$t=3.887$，$P<0.01$）。当在位移技能与体质健康中加入体育教学这个中介变量时，结果显示体育教学对体质健康也具有显著的正向影响作用（$B=2.458$，$t=5.288$，$P<0.01$），与此同时，位移技能对体质健康的影响也同样十分显著（$B=0.741$，$t=2.030$，$P<0.05$）。

由表44可以看出，体育教学在位移技能与体质健康之间的中介效应值为0.408，采用Bootstrap方法对中介效应的显著性进行检验，结果表明，中介效应95%的置信区间为（0.185，0.685），区间内不含有0。中介效应显著，这表明位移技能不仅能够直接影响体质健康，而且能够通过体育教学的中介作用影响体质健康。因此，体育教学在位移技能与体质健康之间起到部分中介的作用，中介效应占比35.51%。

（2）体育教学因素在物体控制技能与体质健康之间的中介效应

以物体控制技能为自变量，体育教学为中介变量，体质健康为因变量，对体育教学在物体控制技能与体质健康之间关系的中介效应进行了检验，从而得出了表45、表46。

表45 体育教学因素在物体控制技能与体质健康之间的中介效应

	体质健康			体育教学			体质健康		
	B	t	P	B	t	P	B	t	P
物体控制技能	2.018	6.119	0.000**	0.234	6.115	0.000**	1.558	4.587	0.000**
体育教学	—	—	—	—	—	—	1.966	4.202	0.000**
常量	64.157**			2.161**			59.909**		
R方	0.104			0.104			0.150		
F值	37.438**			37.395**			28.511**		

注：*$P<0.05$，表示相关显著；**$P<0.01$，表示相关十分显著。

表46 中介效应、直接效应与总效应分解

	效应值	Boot标准误差	Boot CI 下限	Boot CI 上限	效应占比
中介效应	0.460	0.133	0.223	0.740	22.79%
直接效应	1.558	0.335	0.908	2.228	77.22%
总效应	2.018	0.317	1.399	2.655	—

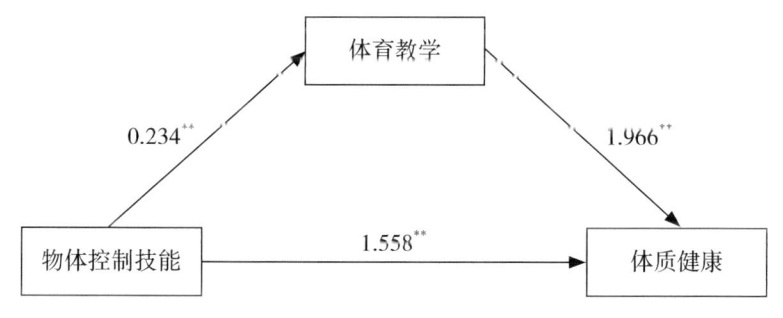

图15 体育教学因素在物体控制技能与体质健康之间的中介效应

假设物体控制技能为X（自变量），体育教学为M（中介变量），体质健康为Y（因变量），可以得出以下三个回归方程。

第一步：$Y=64.157+2.018X$
第二步：$M=2.161+0.234X$
第三步：$Y=59.909+1.558X+1.966M$

由表45可知，物体控制技能对体质健康具有显著的正向影响（$B=2.018$，$t=6.119$，$P<0.01$），物体控制技能对体育教学也具有显著的正向影响（$B=0.234$，$t=6.115$，$P<0.01$）。当在物体控制技能与体质健康之间增加体育教学这个中介变量时，体育教学对体质健康有着显著的正向影响（$B=1.966$，$t=4.202$，$P<0.01$），与此同时，物体控制技能对体质健康的影响仍然十分显著（$B=1.558$，$t=4.587$，$P<0.01$）。

由表46可以看出，体育教学在物体控制技能与体质健康之间的中介效应值为0.460，采用Bootstrap方法对中介效应的显著性进行检验，结果表明，中介效应95%的置信区间为（0.223，0.740），区间内不含有0。中介效应显著，这表明物体控制技能不仅能够直接影响体质健康，而且能够通过体育教学的中介作用影响体质健康。因此，体育教学在物体控制技能与体质健康之间起到部分中介的作用，中介效应占比22.79%。

（3）体育考试因素在位移技能与体质健康之间的中介效应

以位移技能为自变量，体育考试为中介变量，体质健康为因变量，对体育考试在位移技能与体质健康之间关系的中介效应进行了检验，从而得出了表47、表48。

假设位移技能为X（自变量），体育考试为M（中介变量），体质健康为Y（因变量），可以得出以下三个回归方程。

第一步：$Y=68.232+1.149X$
第二步：$M=2.215+0.176X$
第三步：$Y=65.085+0.900X+1.421M$

第五章　动作技能与大学生体质健康的实证研究

表47　体育考试因素在位移技能与体质健康之间的中介效应

	体质健康			体育考试			体质健康		
	B	t	P	B	t	P	B	t	P
位移技能	1.149	3.094	0.002**	0.176	4.087	0.000**	0.900	2.391	0.017*
体育考试	—	—	—	—	—	—	1.421	2.991	0.003**
常量	68.232**			2.215**			65.085**		
R方	0.029			0.049			0.055		
F值	9.573**			16.705**			9.377**		

注：* P<0.05，表示相关显著；** P<0.01，表示相关十分显著。

表48　中介效应、直接效应与总效应分解表

	效应值	Boot 标准误差	Boot CI 下限	Boot CI 上限	效应占比
中介效应	0.250	0.098	0.079	0.460	21.72%
直接效应	0.900	0.377	0.149	1.639	78.28%
总效应	1.149	0.367	0.422	1.880	—

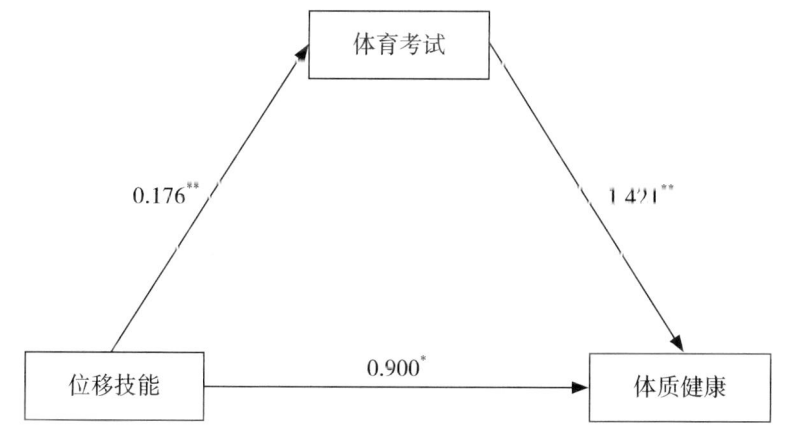

图16　体育考试因素在位移技能与体质健康之间的中介效应

由表可知，位移技能对体质健康具有显著的正向影响（$B=1.149$，$t=3.094$，$P<0.01$），位移技能对体育考试呈现非常显著的正向预测作用（$B=0.176$，$t=4.087$，$P<0.01$）。当在位移技能与体质健康中加入体育考试这个中介变量时，结果显示体育考试对体质健康具有显著的正向影响作用（$B=1.421$，$t=2.991$，$P<0.01$），与此同时，位移技能对体质健康的影响也同样十分显著（$B=0.900$，$t=2.391$，$P<0.05$）。

由表48可以看出，体育考试在位移技能与体质健康之间的中介效应值为0.250，采用Bootstrap方法对中介效应的显著性进行检验，结果表明，中介效应95%的置信区间为（0.079，0.460），区间内不含有0，中介效应显著，这表明位移技能不仅能够直接影响体质健康，而且能够通过体育考试的中介作用影响体质健康。因此，体育考试在位移技能与体质健康之间起到部分中介的作用，中介效应占比21.72%。

（4）体育考试因素在物体控制技能与体质健康之间的中介效应

以物体控制技能为自变量，体育考试为中介变量，体质健康为因变量，对体育考试在物体控制技能与体质健康之间关系的中介效应进行了检验，从而得出了表49、表50。

表49　体育考试因素在物体控制技能与体质健康之间的中介效应

	体质健康			体育教学			体质健康		
	B	t	P	B	t	P	B	t	P
物体控制技能	2.018	6.119	0.000**	0.172	4.355	0.000**	1.831	5.434	0.000**
体育考试	—	—	—	—	—	—	1.084	2.355	0.019*
常量	64.157**			2.225**			61.745**		
R方	0.104			0.056			0.119		
F值	37.438**			18.969**			21.755**		

注：* $P<0.05$，表示相关显著；** $P<0.01$，表示相关十分显著。

第五章 动作技能与大学生体质健康的实证研究

表50 中介效应、直接效应与总效应分解

	效应值	Boot 标准误差	Boot CI 下限	Boot CI 上限	效应占比
中介效应	0.187	0.087	0.035	0.372	9.26%
直接效应	1.831	0.328	1.191	2.471	90.74%
总效应	2.018	0.317	1.399	2.655	—

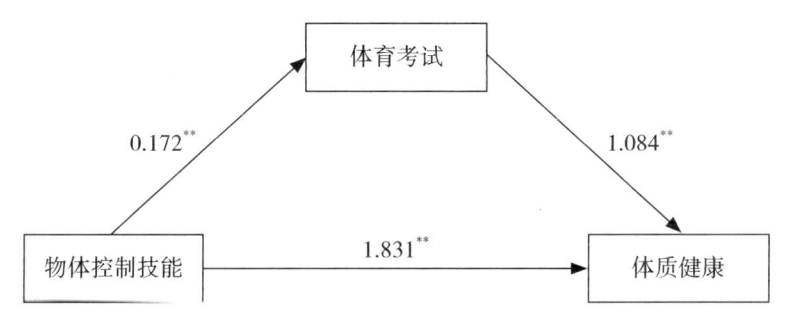

图17 体育考试因素在物体控制技能与体质健康之间的中介效应

假设物体控制技能为 X（自变量），体育考试为 M（中介变量），体质健康为 Y（因变量），可以得出以下三个回归方程。

第一步：$Y=64.157+2.018X$

第二步：$M=2.225+0.172X$

第三步：$Y=61.745+1.831X+1.084M$

由表49可以看出，物体控制技能对体质健康具有显著的正向影响（$B=2.018$，$t=6.119$，$P<0.01$），物体控制技能对体育考试也具有显著的正向影响（$B=0.172$，$t=4.355$，$P<0.01$）。当在物体控制技能与体质健康之间增加体育考试这个中介变量时，体育考试对体质健康有着显著的正向影响（$B=1.084$，$t=2.355$，$P<0.05$），与此同时，物体控制技能对体质健康的影响仍然十分显著（$B=1.831$，$t=5.434$，$P<0.01$）。

由表50可以看出，体育考试在物体控制技能与体质健康之间的中介效应值为0.187，采用Bootstrap方法对中介效应的显著性进行检验，结果表明，中介效应95%的置信区间为（0.035，0.372），区间内不含有0。中介效应显著，这表明物体控制技能不仅能够直接影响体质健康，而且能够通过体育考试的中介作用影响体质健康。因此，体育考试在物体控制技能与体质健康之间起到部分中介的作用，中介效应占比9.26%。

（六）运动参与阻碍因素对体育健康与动作技能的影响

1. 运动参与阻碍因素情况

本研究将阻碍运动参与的因素分为了5个维度，分别为学校因素、家庭因素、社会因素、个人因素和同伴因素，每个维度下设6个问题，采用5级评价机制（非常符合、比较符合、一般、比较不符合、非常不符合）来评估，详见表51。

表51　运动参与阻碍问卷维度

因素	序号	题目
学校因素	1	学习紧张，学业压力大
	2	如果学校拥有更多的运动场地，我一定会参加体育运动
	3	校内的场地免费对师生开放，我一定会参加体育运动
	4	如果学校拥有更多的体育器材，我一定会参加体育运动
	5	迫于体育考试的压力，否则我不会参加体育运动
	6	如果学校严格执行体质健康成绩与评优、保研挂钩，我一定会参加体育运动
家庭因素	1	父母对体育运动的态度，影响了我参与体育运动的情况
	2	家里几乎没有体育器材（如：球拍、足篮球）和运动器械（如：跳绳、哑铃）

（续表）

因素	序号	题目
家庭因素	3	父母担心运动危险、易受伤，所以不鼓励我参加体育运动
家庭因素	4	父母经常观看体育电视节目
家庭因素	5	家里没有体育杂志和书籍
家庭因素	6	回到家中，会和父母一起参加体育运动
社会因素	1	社会对体育的宣传力度不够
社会因素	2	放假回到家乡，周边的运动场所较少
社会因素	3	社会上的体育俱乐部收费较高
社会因素	4	放假回到家乡，社区或周边缺乏社会体育指导员
社会因素	5	放假回到家乡，社区的健身器械不完善
社会因素	6	校外找不到适合我的体育俱乐部
个人因素	1	我本身不太重视体育运动
个人因素	2	我没有参加体育锻炼的习惯
个人因素	3	我想去运动，但不懂得锻炼的方法
个人因素	4	我的运动技能太差，不想去运动场丢人或拖后腿
个人因素	5	运动中我不自信
个人因素	6	如果运动技能较好，我会喜欢参加体育运动
同伴因素	1	找不到一起运动的同学，所以不想去
同伴因素	2	课外时间，同学们都去自习，所以我也就去自习了
同伴因素	3	课外时间，同学们都在宿舍打游戏或看电影，受周边同学的影响，我也参与他们其中
同伴因素	4	课外时间同学结伴去运动，我也参与他们其中
同伴因素	5	身边同学或朋友的运动氛围不强
同伴因素	6	同伴们经常会观看体育比赛

由表52可以看出，在大学生群体中，个人因素成为了阻碍大学生参与运动的最大原因，其次是同伴因素和社会因素，而学校因素和家庭因素对大学生参与运动的阻碍相对较小。大学生相对中小学生，拥有更多的自主选择性，在参与体育运动时更加重视自我体验与社交，在一定程度上，参与体育运动成为大学生的兴趣爱好与维系同学、朋友感情的工具。在社会方面，国家出台了各种各样的文件，鼓励全民开展体育锻

表52 运动参与阻碍因素得分情况（N=325）

	个案数	平均值	标准差
学校因素	325	3.071	0.923
家庭因素	325	3.033	1.003
社会因素	325	3.195	0.881
个人因素	325	3.212	0.947
同伴因素	325	3.200	0.924

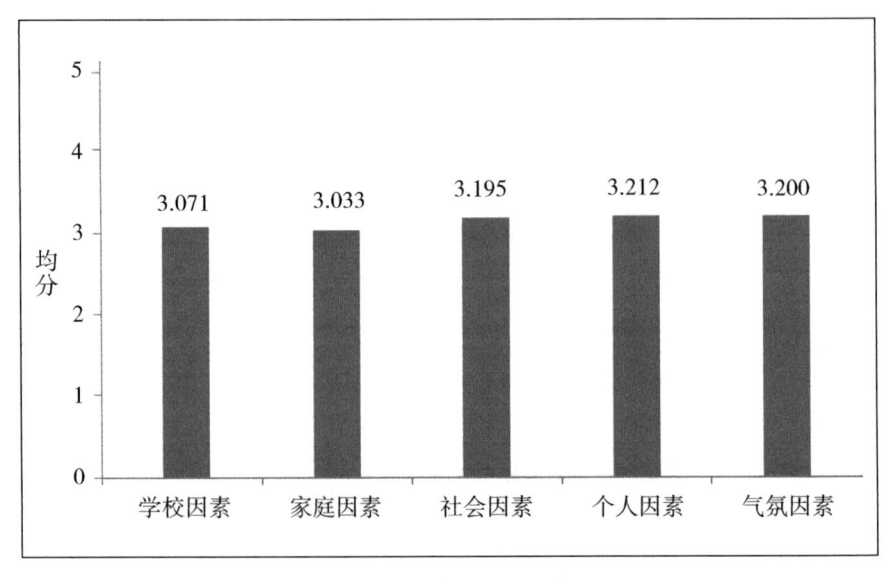

图18 运动参与阻碍因素

炼，但由于社会对体育教育始终存在一定的偏见，体育这个学科难以得到与其他学科同样的重视，这使得大学生较少的了解体育带来的价值。随着中国的持续发展，各学校体育设施有了一定保障，校内体育锻炼的场地也较为充分，所以，这个因素较少的成为阻碍大学生运动参与的主要原因。大学生通常都不是在家周围上大学，因此，绝大多数时间都在学校学习，仅有寒暑假回家，所以体育锻炼行为受到家庭因素的影响较小。

2. 运动参与阻碍因素对体质健康的影响

（1）运动参与阻碍因素与体质健康的相关分析

表53可以看出，运动参与阻碍因素的5个因素（学校因素、家庭因素、社会因素、个人因素、同伴因素）与体质健康的相关程度。可以看出，学校因素与体质健康呈现显著的负相关关系，相关系数为-0.288（$P<0.01$）；家庭因素与体质健康存在显著的负相关，相关系数为-0.144（$P<0.01$）；社会因素与体质健康也呈现显著的负相关，相关系数为-0.233（$P<0.01$）；个人因素与同伴因素同样也与体质健康存在显著的负相关关系，相关系数分别为-0.356（$P<0.01$）和-0.139（$P<0.05$）。

表53 运动参与阻碍因素与体质健康的相关分析（N=325）

		学校因素	家庭因素	社会因素	个人因素	同伴因素
体质健康	相关系数	-0.288**	-0.144**	-0.233**	-0.356**	-0.139*
	P值	0.000	0.000	0.000	0.000	0.012

注：* $P<0.05$，表示相关显著；** $P<0.01$，表示相关十分显著。

（2）运动参与阻碍因素与体质健康的回归分析

将学校因素、家庭因素、社会因素、个人因素、同伴因素作为自变量，将体质健康作为因变量，进行多元线性回归分析。由表54可以看出，该模型调整后的R方值为0.147，对模型进行F检验时发现模型通过F检验（F=12.170，P<0.01），说明学校因素、家庭因素、社会因素、个人因素、同伴因素这五项指标中至少会有一项对体质健康产生显著的影响关系。该模型给出的常数项为85.293（P<0.01）；学校因素的回归系数为−1.516（P<0.01），意味着学校因素会对体质健康产生显著的负向影响关系；家庭因素的回归系数为0.123（P<0.01），意味着家庭因素并不能对体质健康产生显著的影响关系；社会因素的回归系数为−0.841（P>0.05），意味着社会因素对体质健康的预测作用并不显著；个人因素与同伴因素的回归系数分别为−2.723（P<0.01）和1.242（P<0.05），意味着个人因素能够对体质健康产生显著的正向预测作用，而同伴因素则能够对体质健康产生显著的负向预测作用。

表54 运动参与阻碍因素与体质健康的回归分析（N=325）

	非标准化系数		标准化系数	t	P	F
	B	标准误差	Beta			
常数	85.293	1.981	—	43.045	0.000**	
学校因素	−1.516	0.551	−0.170	−2.752	0.006**	
家庭因素	0.123	0.509	0.015	0.241	0.809	12.170
社会因素	−0.841	0.599	−0.090	−1.404	0.161	
个人因素	−2.723	0.585	−0.314	−4.653	0.000**	
同伴因素	1.242	0.577	0.140	2.154	0.032*	

注：* P<0.05，表示相关显著；** P<0.01，表示相关十分显著。

从上述数据分析可以看出，在五种阻碍大学生运动参与的因素中，学校因素对大学生体质健康的阻碍因素位列第二，仅次于个人因素，学校因素不仅与体质健康呈现显著的负相关，而且在对大学生体质健康的预测作用也十分显著。在学校因素方面，丰富的体育课程内容、体育教师的专业指导、亲和力都会对学生参加体育活动产生很大影响。大学生对于体育运动的热情与学校提供的场地、设施有着密切关联，而我国绝大多数大学的场地与设施的缺乏使得大学生体育锻炼需求得不到满足，打击了学生体育锻炼的热情。另外由于绝大多数的高校仅在大一和大二开设体育课，忽视了更高年级的学生由于学业、实习等压力所带来的体育锻炼需求。虽然相较于中学时期，大学的学业压力和学校对于学生约束都放宽了许多，但本次调查结果显示，大学生依旧会因学习紧张、学业压力大而不去运动，学习为主的生活一直是我国学生的特点也是自小养成的习惯，加上中小学时期学校对于体育课的轻视，学生自然会将体育运动列于文化课学习之后，这种现象一定程度上反映了中小学时期没有起到培养学生健康体育观、终身体育观的作用，没有让学生理解体育运动的真正作用；此外学校的体育场地也是影响学生体育参与的重要因素，很多学生表示非常重视学校免费体育场地的开放，其影响程度甚至高过了"学校将体测成绩与评优保研等挂钩"，如此，重视学校体育运动场地的建设与高效利用可以成为今后关注的重点；此外在学校因素中，体育考试的压力对于学生体育参与的阻碍最低，大学生很少迫于体育考试的压力而去运动，这是一个积极的信号，体育本就是以人为中心的活动，考试、测试都是外加的形式，学生能深刻理解这一点，若在大学时期对其加以引导，就有可能改变其中小学时期长久以来形成的不科学的体育观念。

家庭教育对一个人的成长，包括体育参与具有重要影响，青少年参加体育活动也离不开父母的支持、鼓励与引导，倘若家长对孩子参与体育锻炼持消极甚至反对态度，这无疑会构成青少年体育参与的强大阻力。洪茯园（2010）研究显示：家庭和社会的支持可促进青少年体力活动增加，静态生活时间减少[1]。高晓君，郭秀文（2015）调查表明：父母的学历与孩子体育锻炼认知水平之间相关性十分显著，并对青少年

---

[1] 洪茯园. 上海市部分中小学生体力活动和静态生活现状调查及影响因素的研究[D]. 上海：上海体育学院，2010.

体育锻炼习惯养成有着积极的推动作用；不同类型的家庭对青少年在体育锻炼方面的影响不同，独生子女家庭的孩子体育锻炼的主动性不高[1]。但家庭因素对大学生体质健康的影响程度相较于其他因素较小，这与我国的大学生现状非常符合，刚刚成年、异乡求学、脱离了中学时期的全方位监控、大学相对较为轻松的课业和多姿多彩的活动，所有这些因素都导致大学生群体普遍较少受到家庭影响。这点在此次调查中也得到证明，在家庭因素中，父母对体育运动的态度、父母担心运动危险等父母的主观意愿对于大学生运动参与的影响程度最小。但是，家庭体育杂志和书籍、父母陪伴一起参与运动等因素却对大学生体育参与有很大的影响，体育杂志和书籍等客观因素会在家中形成一种体育氛围，这种氛围会潜移默化影响到家庭中的所有成员；另一方面，即使大学生的行动已经较少受到父母思想的影响，但刚成年的学生对父母依旧有依赖，随着年龄的增长与认知能力的提升，大学生与父母的共鸣又会逐渐加强，慢慢变得互相理解，故与父母一起参加体育运动既是体育本身魅力的体现，又是体育促进情感交流功能的展现。此外，家中体育器材的缺乏也是相对比较重要的阻碍因素之一，体育器材类型多样，价格各异，我国的体育器材制造业基本能满足各种各样的家庭运动需求，所以器材的缺乏是体育意识薄弱的体现，但并不是主要原因，家庭影响因素的重点还是在于家中的体育氛围和父母的实际行动。

社会因素对于阻碍大学生运动参与的影响程度排行第三。现代人类生活在社会之中，其最鲜明的本质特征就是社会性。社会因素在很大程度上影响大学生的体质健康水平，其包含了政治、经济、文化、教育等多方面的因素，安定的社会、优质的教育、和谐的人际关系、良好的学习环境等无疑对大学生的体质健康水平有着良好的促进作用。从另一个角度来审视，社会的发展也给人们的健康带来了许多危害，如现代工业的发展，虽

---

[1] 高晓君，郭秀文. 基于家庭因素视角的青少年体质健康研究[J]. 廊坊师范学院学报，2015，15（3）：101–105.

然促进了人类的经济，但同时也带来了废水、噪声等环境污染，对人们的健康产生巨大的威胁。学生们进入大学阶段，是在学校这所象牙塔中迈出第一步，自然会受到社会环境的影响，体育的社会属性非常强，其强大的社交功能与娱乐功能是学生接触社会的重要方式。进入社会之后，更多的行为事物会与金钱挂钩，这也是学生不能完全脱离象牙塔的原因之一，很多学生反映社会体育俱乐部的高收费是阻碍他们体育参与的重要因素，一般高校所在城市的人均消费水平较高，没有经济来源的大学生自然感觉消费能力不足；另外，学生回到家乡之后，有父母的直接支持，会有相对更大的经济自由，且物价也会相对较低，与此同时出现的问题是家乡社区周边缺乏社会体育指导员、健身器械不完善、运动场地较少，这些客观环境条件成为阻碍大学生运动的主要因素，同时也影响全面健身氛围与体育文化的形成，没有积极向上、热情洋溢的体育文化的感染，没有场地、器材保障，没有专业人员的引导，自然很难使人们养成正确的运动习惯。

本次调查结果显示，个人因素对于阻碍大学生体育参与的影响是最为明显的。个体的行为是指个体为了生存和发展而不断变化的环境而做出的反映或一切活动的总称，包含了个体本能的行为举止以及所从事的学习，人际交往等社会活动。个体的生活方式则是指人们的生活习惯、活动等的总和，包含了生活的水平、态度、意识、日常习惯、职业、民族、饮食、家庭等。随着人类文明的不断进步，人们逐渐认识到健康生活的重要性，充分认识到了不良的生活习惯和行为方式是导致体质健康水平逐步降低的主要因素。意识主导理念，理念支配行为，体质健康状况与个体不同的体育意识有着紧密的关联。研究表明，个体不同的体育锻炼意识会导致其不同的体质健康水平。如陈文杰（2006）发现男生的肥胖和女生的营养不良可能与高年级学生停上体育课以及女生普遍追求瘦身减肥有关[1]。周亦宁（2016）研究发现，2005—2014年江西省

---

[1] 陈文杰. 江苏省高校实施《学生体质健康标准》现状及对策研究[J]. 北京体育大学学报，2006（10）：1386-1388.

13~22岁学生耐力素质整体下降，主要原因是学生缺乏体育锻炼意识，怕苦怕累现象严重[1]。谢林（2016）发现良好的动机有利于身心健康，和工作效率形成倒U型曲线[2]。李姗杉（2018）发现包括认知、情感和行为意向体育锻炼态度对体质健康有影响[3]。师波涛等（2018）总结出对于体育运动不重视造成体质健康下降[4]。另外值得注意的是，大学生普遍会因为运动技能不好而减少体育参与，同时对于锻炼方法等知识的匮乏也是重要的阻碍因素，这说明很多大学生并没有特别擅长的运动技能，既没有深入到体育运动中，自无从谈起能对体育有多么深刻的理解，这又涉及中小学时期以课业压力为理由含混而过的体育课，体育课程的内容既没有帮助学生保持应有的健康体质，又没能让学生对某种运动特别感兴趣，导致大学时期课业压力没有如此繁重的时候，学生却因为自身技能不足而不能有效利用课余时间参与体育运动，这对于学生运动习惯的养成极为不利；但是大学生普遍表示不会因为运动技能差而在运动场上感到丢人，这种主观上的"不怯场"将有利于大学生体育运动的学习与习惯的快速养成，若此时有引路人帮助大学生突破某项运动"开头难"的瓶颈，激起学生对该项运动的兴趣，以大学生充沛的活力、迫切的需求与充沛的时间，定能成为弥补中小学体育课程的重要途径。

同伴因素在一定程度上影响着体质健康水平，大学生虽已成年，但是心理上的成熟却需要时间与经验的积淀，此时对于朋友及同伴的需求

---

[1] 周亦宁，袁艳，刘建平.江西省2005—2015年13~22岁汉族学生耐力素质动态分析[J].内蒙古体育科技，2016（2）：98-103.

[2] 谢林.福建省泉州市城东中学学生体质健康及影响因素的研究[D].北京：北京体育大学，2016.

[3] 李姗杉.华南理工大学学生体质健康与学业表现关系研究[D].广州：华南理工大学，2018.

[4] 师波涛，王煜晴，张明睿，等.大学生体育锻炼与体质健康状况分析与对策研究[J].才智，2018（27）：25.

与依赖尤为强烈,所以很容易受到周围同学的行为习惯的影响,故能否找到一起运动的同学、同学是否有运动习惯、身边同学朋友的运动氛围等对于大学生的体育参与有很大的影响,"一人健身带动全宿舍""一人懒全屋懒"的情况非常常见。体育的社交与休闲功能是促进大学生的社会化、增进与朋友间的感情、休闲娱乐的绝佳方式,对处于心理敏感期的大学生而言,体育运动更是一剂良药。

(3) 运动参与阻碍因素与动作技能的相关分析

表55可以看出,运动参与阻碍因素的5个维度(学校因素、家庭因素、社会因素、个人因素、同伴因素)与反映动作技能的2个维度(位移技能、物体控制技能)的相关程度。可以看出,学校因素与位移技能、物体控制技能均呈现显著的负相关关系,相关系数分别为-0.226($P<0.01$)和-0.230($P<0.01$);家庭因素与位移技能、物体控制技能也都存在显著的负相关,相关系数分别为 0.154($P<0.01$)和-0.127($P<0.01$);社会因素与位移技能、物体控制技能均呈现显著的负相关,相关系数分别为-0.117($P<0.01$)和-0.144($P<0.01$);个人因素与位移技能、物体控制技能也同样存在显著的负相关关系,相关系数分别为-0.182($P<0.01$)和-0.197($P<0.01$);同伴因素虽然与位移技能不存在明显的相关关系($P>0.05$),但同伴因素与物体控制技能存在明显的负向相关关系,相关系数为-0.136($P<0.05$)。

表55 运动参与阻碍因素与体质健康的相关分析($N=325$)

		学校因素	家庭因素	社会因素	个人因素	同伴因素
位移技能	相关系数	-0.226**	-0.154**	-0.117*	-0.182**	-0.104
	P值	0.000	0.005	0.035	0.001	0.062
物体控制技能	相关系数	-0.230**	-0.127*	0.144**	-0.197**	-0.136*
	P值	0.000	0.022	0.009	0.000	0.014

注:* $P<0.05$,表示相关显著;** $P<0.01$,表示相关十分显著。

(4) 运动参与阻碍因素与位移技能的回归分析

将学校因素、家庭因素、社会因素、个人因素、同伴因素作为自变量，将位移技能作为因变量进行多元线性回归分析。由上表可知，该模型调整后的 R 方值为0.049，对模型进行 F 检验时发现模型通过 F 检验（F=4.343，$P<0.01$），说明学校因素、家庭因素、社会因素、个人因素、同伴因素这五项指标中至少会有一项对位移技能产生显著的影响关系。该模型给出的常数项为5.772（$P<0.01$）；学校因素的回归系数为-0.223（$P<0.01$），意味着学校因素会对位移技能产生显著的负向预测作用；家庭因素的回归系数为-0.097（$P>0.05$），意味着家庭因素不能对位移技能产生显著的影响关系；社会因素的回归系数为0.019（$P>0.05$），意味着社会因素对位移技能的预测作用并不显著；个人因素与同伴因素的回归系数分别为-0.144（$P>0.05$）和0.074（$P>0.05$），意味着个人因素与同伴因素均不会对位移技能产生显著的预测作用。

表56 运动参与阻碍因素与位移技能的回归分析

	非标准化系数 B	标准误差	标准化系数 Beta	t	P	F
常数	5.772	0.309	—	18.690	0.000**	
学校因素	-0.223	0.086	-0.170	-2.597	0.010**	
家庭因素	-0.097	0.079	-0.080	-1.220	0.223	4.343
社会因素	0.019	0.093	0.014	0.201	0.841	
个人因素	-0.144	0.091	-0.113	-1.582	0.115	
同伴因素	0.074	0.090	0.057	0.827	0.409	

注：* $P<0.05$，表示相关显著；** $P<0.01$，表示相关十分显著。

(5) 运动参与阻碍因素与物体控制技能的回归分析

以学校因素、家庭因素、社会因素、个人因素、同伴因素作为自变量，将物体控制技能作为因变量，进行多元线性回归分析。由表57可以看出，该模型调整后的R方值为0.147，对模型进行F检验时发现模型通过F检验（F=4.367，P<0.01），说明学校因素、家庭因素、社会因素、个人因素、同伴因素这五项指标中至少会有一项对物体控制技能产生显著的影响关系。该模型给出的常数项为6.011（P<0.01）；学校因素的回归系数为-0.238（P<0.01），意味着学校因素会对物体控制技能产生显著的负向影响关系；家庭因素的回归系数为-0.023（P>0.05），意味着家庭因素并不能对物体控制技能产生显著的影响关系；社会因素的回归系数为-0.050（P>0.05），意味着社会因素对物体控制技能的预测作用并不显著；个人因素的回归系数为-0.142（P>0.05），即个人因素对物体控制技能的预测作用不显著；同伴因素的回归系数为0.019（P>0.05），表明同伴因素同样不能对物体控制技能产生显著的预测作用。

表57 运动参与阻碍因素与物体控制技能的回归分析

	非标准化系数		标准化系数	t	P	F
	B	标准误差	Beta			
常数	6.011	0.334	—	17.993	0.000**	
学校因素	-0.238	0.093	-0.168	-2.566	0.011*	
家庭因素	-0.023	0.086	-0.017	-0.264	0.792	4.367
社会因素	-0.050	0.101	-0.034	-0.495	0.621	
个人因素	-0.142	0.099	-0.103	-1.441	0.150	
同伴因素	0.019	0.097	0.014	0.198	0.843	

注：* P<0.05，表示相关显著；** P<0.01，表示相关十分显著。

由上述分析可知，学校因素对动作技能的阻碍作用非常显著，大学生主要所处的社会还是学校，在一些专业中，课业压力大，学习较为紧张，这使得大学生们通常忙于各种作业、考试，而且随着年级的增长，就业与升学的压力随之而至，这是影响其动作发展的重要因素。动作技能的学习通常需要借助一定的场地和体育器材，学生通过特定的训练器材、场地来体会动作，进而学会动作。体育课程不同于其他学科，更加注重的是实践性，如投掷、球类等项目中，如果没有一定的训练场地和体育器材，则学生将不能很好地领会任何一个动作技能。器材的质量、数量也在某种程度上影响到学生的动作技能学习效果。现如今大学不断扩招，但一些硬件设施并没有随之跟上，例如，运动场地难以预约、场地收费较贵、体育锻炼的器材没有及时更新等，这不仅打击了大学生的运动热情，而且也存在一定安全隐患。一所大学的综合实力通常由师资、生源、社会声誉、学生的就业和升学、发表论文的质量等方面来评估，因而大部分高校通常更加注重提升这些方面，多数高校更加看重学生的就业率与升学率，使得体育学科得不到应有的重视，因此，高校在推进素质教育的同时也应该更加注重对体育课程的关注，我国著名的清华大学就对体育运动十分重视，作为国内的一流名校，无疑是给国内其他高校带了个好头。由于大学生在中小学时期没有养成良好的体育运动习惯，也没有得到良好的动作技能的教育，而动作技能通常在中小学时期的发展是十分迅速的，错过了这个动作技能发展的黄金时期，后续在大学时期学习各类技术动作也会受到一定的阻碍。通过本次调查可以发现，更多的学生参与体育锻炼仅是为了应付体育考试和体质测试，真正认识到体育的价值和功效的大学生相对较少，被动的学和主动的学的效果差距是十分显著的。此外，学校开设的体育课程也难以满足现代大学生日益增加的体育需求，大部分高校开设的体育课程较少，仍以竞技体育项目为主，内容枯燥、乏味，难以激发学生的学习动机，对体育习惯的培养极为不利。动作技能的发展是通过经常练习和深入学习而逐步成熟的，大学生的动作发展需要有专业人士的指导，同时也需要自身对体育运动的喜爱，进而通过不断的练习使得动作技能得到进一步提升。动作技能的练习没有达到一定量和强度，是难以起到提升的效果，动作未能定型，也难以达到自动化阶段，因此学校应高度重视对大学生的动作技能教育，增强学生动作练习的质与量，积极组织各式各样的体育比赛、活动、讲座等，使他们认识到动作技能发展的重要性，促进其动作技能的发展。

家庭体育对动作技能的发展也十分重要，但更多的影响是在婴幼儿时期和中小学时期，大学生通常一年内仅有寒暑假在家，因而受到家庭因素的影响相对较小。家庭是现代人类最基本的社会生活组织和形式。家庭成员的职业、价值观念、体育行为将对其他家庭成员也产生一定的影响，起到潜移默化的影响，家长的正确教育对青少年时期形成良好的运行习惯和健康的生活方式有着非常显著的影响。动作技能的教育在婴幼儿时期就已经开始，家长如果在婴幼儿时期和儿童时期对孩子的动作技能发展有相应重视，就能使其孩子在后续学习跑、跳、投等动作中显得十分轻松。而通常在中小学阶段，家长对体育锻炼的重视程度较低，更多的家长希望孩子把大量的时间花在学习文化课上，将提高学习成绩作为第一目标，这与现代青少年承受巨大的升学压力有关。到了大学时期，更多家长却希望自己的孩子多参加体育锻炼，拥有一个强健的体魄，这表明家长对体育的价值有着一定的认知，但在中小学时期迫于升学的压力不得不放弃体育锻炼。家庭成员的性格或者职业体育爱好、体育行为都会对其子女的性格或者个人爱好产生一定的影响。如果一个学生的父母拥有良好的体育锻炼的习惯，其孩子拥有良好运动习惯的概率也非常大，体育锻炼可以成为增强家庭关系的纽带。由此可见，家庭环境对个体动作技能的发展也起到十分重要的作用。

社会因素对大学生动作技能的发展也存在着一定的关联。个体从出生以来便通过不断的适应环境，逐渐获得了各种知识、道德行为规范、动作技能等。人的一生是不断适应社会的过程，逐步被社会化，我们个体的体育知识和动作技能的发展也受到许多的社会因素的影响。我国一直以来十分重视竞技体育的发展，确实也取得了优异的成绩，提高了我国的社会地位，彰显了我国的综合实力，但大众体育事业的发展却与之不平衡。国家体育总局近些年出台了不少关于推进大众体育的相关文件，鼓励更多的人从事体育行业，对体育的宣传起到了一定的效果，我国的体育人口也有了相应的增加。为了效应"全面健身"与"终身体育"的号召，我国也逐步开始培养社会体育方面的人才，并且在高校也开设了相关专业，目的在于指导社会大众进行体育锻炼。但从该专业的就业情况来说，并不乐观，一方面国家鼓励更多的人从事社会体育工作，但另一方面又难以提供合适的工作岗位，使得社会体育管理与指导专业的毕业生找工作困难，绝大多数的毕业生还是从事了体育教师这个职业，而在用人单位招聘体育教师时，更青睐于体育教育专业的毕业生，这就使得社会体育指导与管理的毕业生就业十分困难，社会体育人才流失严重。总体来看，我国参与大众体育锻炼的人数还未能达到预期，大众体育方面的经费投资也较少，导致一些公共体育设施缺少维护，人们进行体育锻炼的意识也较为薄弱，各类动作的学习缺少相关专业人士的指导，这些因素都给大众体育的开展带来了极大的困难。

个人因素对动作技能的阻碍作用也较为显著。具体表现在大学生对体育的价值不够了解，在中小学时期没有养成良好的体育锻炼的习惯，想参与运动但却没有得到专业有效的指导，运动技能较差怕丢人、拖累同学，在运动中表现不自信等方面。多数大学生表明，如果自身的运动技术水平良好，是比较愿意参与体育运动的，这样既能起到锻炼自身的作用，也可以在一定程度上展示自我、拓展自身的交际圈。从以上一些影响大学生动作学习的因素可以看出，中小学阶段基础动作技能教学的效果并不显著，在动作技能的发展中，如果在中小学时期没有充分掌握正确的基本动作技能模式，那么当他们要通过基本动作技能组合而完成的复杂动作技能时，将会遇到相当大的困难。此外，基础教育阶段对青少年的体育兴趣、爱好和习惯的培养也是非常重要的。人们通常对自己感兴趣的事会付出加倍的努力，从中获得乐趣和满足。相反，如果人们对一件事提不起兴趣，没有参与的欲望，则这件事通常会对自身产生困扰，从而产生逆反心理，不愿尽心尽力地去完成。因此，在动作技能教学中，首先要加强教学的目的性和正确的价值观教育，其次要培养学生学习动作技能的兴趣，充分发挥他们在学习中的主体地位，最后还要正确的运用动力，正确运用精神、物质、信息这三种动力，互相补充，扬长避短，激励学生学习的欲望，进而取得理想的学习效果。在体育运动中，当学生掌握了某项运动技能时，并且对于这项运动有着浓厚的兴趣，他才能够积极的参与运动，享受运动带来的乐趣。因此，促进学生的动作技能发展，传授相关的理论知识，对于提高学生的运动参与是有着非常重要的作用的。

同伴因素对位移技能的影响相对较小，而对物体控制技能的影响却非常显著。许多大学生表示，有时候难以找到志同道合的运动伙伴，周围人的普遍行为会或多或少的影响自己的行为，例如，周围的同学都在认真学习，他们也会因为害怕被拉下而选择去图书馆多看会书。但如果周围的同学、舍友都沉浸在打游戏、吃喝玩乐等方面，他们也会不由自主地降低对自身的要求。通常来说，名校大学生的自律性和执行力普遍比非名校的大学生要高，这也就是为什么名校的大学生相较于非名校的大学生更受到用人单位青睐的重要原因。在大学选课阶段，球类运动更受到大学生的喜爱，常常供不应求，而田径却常常无人问津，这也表明了球类运动通常对大学生更具吸引力。同时，在大学期间容易结伴一起参与体育锻炼的就属各种球类运动了，对于男生而言，通常选择篮球、足球等运动量较大的体育项目，而女生则通常选择网球、羽毛球、乒乓球等运动量相对较小的运动，球类运动有着一个共同的特点，就是需要至少2人以上参与，这使得这类运动通常会带动他人一起运动，同学或者朋友之间一起参与运动,既锻炼了身体也增进了感情,通过较为频繁的练习从而使得物体控制技能得到良好的发展。而位移技能通常可以一个人完成,而且相对较累,没有同伴的鼓励与陪伴,那些体育锻炼意识不是十分坚定的大学生很可能会选择中途放弃,这就使得位移技能得到较少的练习,相比于物体控制技能的发展也较为缓慢。

3. 运动参与阻碍因素在动作技能与体质健康之间的中介效应

(1)学校因素在位移技能与体质健康之间的中介效应

以位移技能为自变量,学校因素为中介变量,体质健康为因变量,对学校因素在位移技能与体质健康之间关系的中介效应进行了检验,从而得出了表58、表59。

表58 学校因素在位移技能与体质健康之间的中介效应

	体质健康			学校因素			体质健康		
	B	t	P	B	t	P	B	t	P
位移技能	1.149	3.094	0.002**	−0.172	−4.165	0.000**	0.747	2.026	0.044*
学校因素	—	—	—	—	—	—	−2.339	−4.829	0.000**
常量	68.232**			3.867**			77.274**		
R方	0.029			0.051			0.094		
F值	9.573**			17.345**			16.779**		

注:* $P<0.05$,表示相关显著;** $P<0.01$,表示相关十分显著。

表59 中介效应、直接效应与总效应分解

	效应值	Boot标准误差	Boot CI下限	Boot CI上限	效应占比
学校因素的中介效应	0.402	0.123	0.185	0.669	34.98%
直接效应	0.747	0.347	0.084	1.447	65.02%
总效应	1.149	0.367	0.422	1.880	—

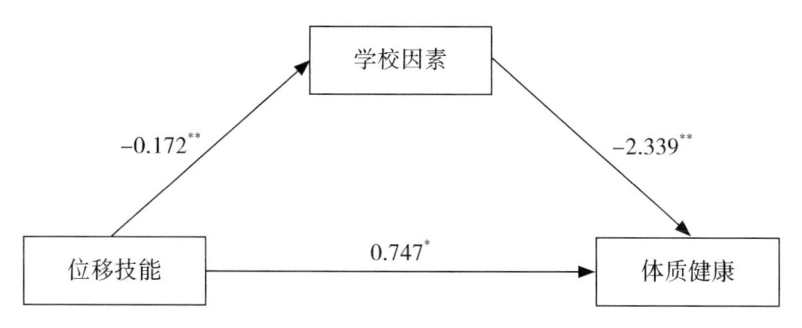

第五章 动作技能与大学生体质健康的实证研究

图19 学校因素在位移技能与体质健康之间的中介效应

假设位移技能为X（自变量），学校因素为M（中介变量），体质健康为Y（因变量），可以得出以下三个回归方程。

第一步：$Y=68.232+1.149X$

第二步：$M=3.867-0.172X$

第三步：$Y=77.274+0.747X-2.339M$

由表58可以看出，位移技能对体质健康具有显著的正向影响（$B=1.149$，$t=3.094$，$P<0.01$），位移技能对学校因素呈现非常显著的负向预测作用（$B=-0.172$，$t=-3.887$，$P<0.01$）。当在位移技能与体质健康中加入学校因素这个中介变量时，结果显示学校因素对体质健康也具有显著的负向影响作用（$B=-2.339$，$t=-4.829$，$P<0.01$），与此同时，位移技能对体质健康的正向预测作用也同样十分显著（$B=0.747$，$t=2.026$，$P<0.05$）。

由表59可以看出，学校因素在位移技能与体质健康之间的中介效应值为0.402，采用bootstrap方法对中介效应的显著性进行检验，结果表明，中介效应95%的置信区间为（0.185，0.669），区间内不含有0，中介效应显著，这表明位移技能不仅能够直接影响体质健康，而且能够通过学校因素的中介作用影响体质健康。因此，学校因素在位移技能与体质健康之间起到部分中介的作用，中介效应占比34.98%。

（2）学校因素在物体控制技能与体质健康之间的中介效应

以物体控制技能为自变量，学校因素为中介变量，体质健康为因变量，对学校因素在物体控制技能与体质健康之间关系的中介效应进行了检验，从而得出了表60、表61。

表60　学校因素在物体控制技能与体质健康之间的中介效应

	体质健康			学校因素			体质健康		
	B	t	P	B	t	P	B	t	P
物体控制技能	2.018	6.119	0.000**	−0.162	−4.249	0.000**	1.693	5.128	0.000**
学校因素	—	—	—	—	—	—	−2.007	−4.278	0.000**
常量	64.157**			3.825**			71.832**		
R方	0.104			0.053			0.152		
F值	37.438**			18.056**			28.874**		

注：*$P<0.05$，表示相关显著；**$P<0.01$，表示相关十分显著。

表61　中介效应、直接效应与总效应分解

	效应值	Boot标准误差	Boot CI 下限	Boot CI 上限	效应占比
学校因素的中介效应	0.325	0.105	0.139	0.547	16.11%
直接效应	1.693	0.315	1.077	2.310	83.89%
总效应	2.018	0.317	1.399	2.655	—

假设物体控制技能为X（自变量），学校因素为M（中介变量），体质健康为Y（因变量），可以得出以下三个回归方程。

第一步：$Y=64.157+2.018X$

第二步：$M=3.825-0.162X$

第三步：$Y=71.832+1.693X-2.007M$

由表可知，物体控制技能对体质健康具有显著的正向影响（$B=2.018$，$t=6.119$，$P<0.01$），物体控制技能对学校因素具有显著的负向影响（$B=-0.162$，$t=-4.249$，$P<0.01$）。当在物体控制技能与体质健康之间增加学校因素这个中介变量时，结果显示学校因素对体质健康有着显著的负向影响（$B=-2.007$，$t=-4.278$，$P<0.01$），与此同时，物体控制技能对体质健康的正向影响仍然十分显著（$B=1.693$，$t=5.128$，$P<0.01$）。

由表61可以看出，学校因素在物体控制技能与体质健康之间的中介效应值为0.325，采用bootstrap方法对中介效应的显著性进行检验，结果表明，中介效应95%的置信区间为（0.139，0.547），区间内不含有0，中介效应显著，这表明物体控制技能不仅能够直接影响体质健康，而且能够通过学校因素的中介作用影响体质健康。因此，学校因素在物体控制技能与体质健康之间起到部分中介的作用，中介效应占比16.11%。

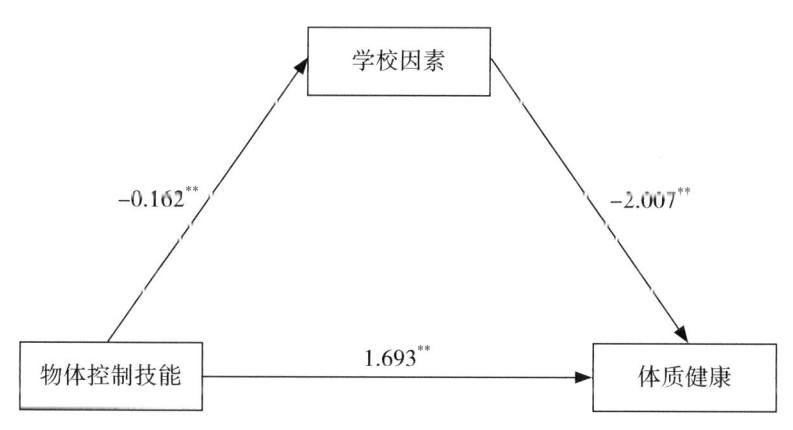

图20 学校因素在物体控制技能与体质健康之间的中介效应

(3)家庭因素在位移技能与体质健康之间的中介效应

以位移技能为自变量,家庭因素为中介变量,体质健康为因变量,对家庭因素在位移技能与体质健康之间关系的中介效应进行了检验,从而得出了表62、表63。

表62 家庭因素在位移技能与体质健康之间的中介效应

	体质健康			家庭因素			体质健康		
	B	t	P	B	t	P	B	t	P
位移技能	1.149	3.094	0.002**	−0.127	−2.796	0.006**	1.023	2.738	0.007**
家庭因素	—	—	—	—	—	—	−0.992	−2.198	0.029*
常量	68.232**			3.622**			71.827**		
R方	0.029			0.024			0.043		
F值	9.573**			7.816**			7.260**		

注:* $P<0.05$,表示相关显著;** $P<0.01$,表示相关十分显著。

表63 中介效应、直接效应与总效应分解

	效应值	Boot 标准误差	Boot CI 下限	Boot CI 上限	效应占比
家庭因素的中介效应	0.126	0.072	0.012	0.291	10.99%
直接效应	1.023	0.363	0.313	1.734	89.01%
总效应	1.149	0.367	0.422	1.880	—

假设位移技能为X(自变量),家庭因素为M(中介变量),体质健康为Y(因变量),可以得出以下三个回归方程。

第一步:$Y=68.232+1.149X$

第二步:$M=3.662-0.127X$

第三步:$Y=71.827+1.023X-0.992M$

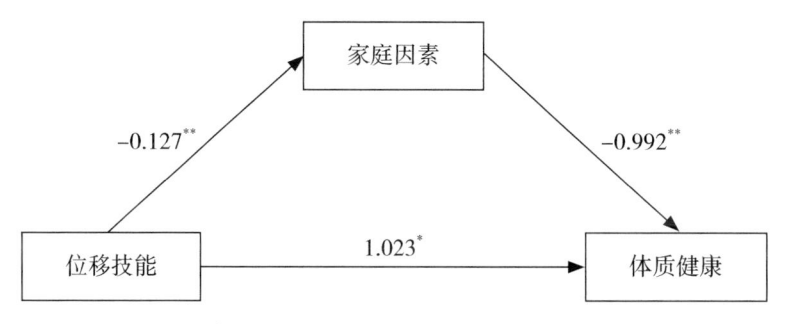

第五章 动作技能与大学生体质健康的实证研究

图21 家庭因素在位移技能与体质健康之间的中介效应

由表可知，位移技能对体质健康具有显著正向影响（$B=1.149$，$t=3.094$，$P<0.01$），位移技能对家庭因素呈现非常显著的负向预测作用（$B=-0.127$，$t=-2.796$，$P<0.01$）。当在位移技能与体质健康中加入家庭因素这个中介变量时，结果显示家庭因素对体质健康具有显著的负向影响作用（$B=-0.992$，$t=-2.198$，$P<0.05$），与此同时，位移技能对体质健康的影响也同样十分显著（$B=1.023$，$t=2.738$，$P<0.01$）。

由表63可以看出，家庭因素在位移技能与体质健康之间的中介效应值为0.126，采用bootstrap方法对中介效应的显著性进行检验，结果表明，中介效应95%的置信区间为（0.012，0.291），区间内不含有0，中介效应显著，这表明位移技能不仅能够直接影响体质健康，而且能够通过家庭因素的中介作用影响体质健康。因此，家庭因素在位移技能与体质健康之间起到部分中介的作用，中介效应占比10.99%。

（4）家庭因素在物体控制技能与体质健康之间的中介效应

以物体控制技能为自变量，家庭因素为中介变量，体质健康为因变量，对家庭因素在物体控制技能与体质健康之间关系的中介效应进行了检验，从而得出了表64、表65。

表64　家庭因素在物体控制技能与体质健康之间的中介效应

	体质健康			家庭因素			体质健康		
	B	t	P	B	t	P	B	t	P
物体控制技能	2.018	6.119	0.000**	−0.097	−2.301	0.022*	1.934	5.844	0.000**
家庭因素	—	—	—	—	—	—	−0.861	−1.991	0.047*
常量	64.157**			3.486**			67.159**		
R方	0.104			0.016			0.115		
F值	37.438**			5.294*			20.874**		

注：* $P<0.05$，表示相关显著；** $P<0.01$，表示相关十分显著。

表65　中介效应、直接效应与总效应分解

	效应值	Boot标准误差	Boot CI 下限	Boot CI 上限	效应占比
家庭因素的中介效应	0.084	0.057	−0.004	0.217	4.15%
直接效应	1.934	0.317	1.330	2.574	95.85%
总效应	2.018	0.317	1.399	2.655	—

假设物体控制技能为X（自变量），家庭因素为M（中介变量），体质健康为Y（因变量），可以得出以下三个回归方程。

第一步：$Y=64.157+2.018X$

第二步：$M=3.486-0.097X$

第三步：$Y=67.159+1.934X-0.861M$

由表64可以看出，物体控制技能对体质健康具有显著的正向影响（$B=2.018$，$t=6.119$，$P<0.01$），物体控制技能对家庭因素具有显著的负向影响（$B=-0.097$，$t=-2.301$，$P<0.05$）。当在物体控制技能与体质健康之间增加家庭因素这个中介变量时，结果显示家庭因素对体质健

康有着显著的负向影响（$B=-0.861$，$t=-1.991$，$P<0.05$），与此同时，物体控制技能对体质健康的影响仍然十分显著（$B=1.934$，$t=5.844$，$P<0.01$）。

由表65可以看出，家庭因素在物体控制技能与体质健康之间的中介效应值为0.084，采用bootstrap方法对中介效应的显著性进行检验，结果表明，中介效应95%的置信区间为（-0.004，0.217），区间内含有0，中介效应不显著，这表明家庭因素在物体控制技能与体质健康之间没有起到中介作用。

（5）社会因素在位移技能与体质健康之间的中介效应

以位移技能为自变量，社会因素为中介变量，体质健康为因变量，对社会因素在位移技能与体质健康之间关系的中介效应进行了检验，从而得出了表66、表67。

表66　社会因素在位移技能与体质健康之间的中介效应

	体质健康			社会因素			体质健康		
	B	t	P	B	t	P	B	t	P
位移技能	1.149	3.094	0.002**	-0.085	-2.115	0.035*	0.979	2.676	0.008**
社会因素	—	—	—	—	—	—	-2.008	-3.995	0.000**
常量	68.232**			3.588**			75.436**		
R方	0.029			0.024			0.075		
F值	9.573**			4.475**			12.990**		

注：* $P<0.05$，表示相关显著；** $P<0.01$，表示相关十分显著。

假设位移技能为X（自变量），社会因素为M（中介变量），体质健康为Y（因变量），可以得出以下三个回归方程。

第一步：$Y=68.232+1.149X$

第二步：$M=3.588-0.085X$

第三步：$Y=75.436+0.979X-2.008M$

由表66可以看出，位移技能对体质健康具有显著的正向影响（$B=1.149$，$t=3.094$，$P<0.01$），位移技能对社会因素呈现非常显著的负向预测作用（$B=-0.085$，$t=-2.115$，$P<0.05$）。当在位移技能与体质健康中加入社会因素这个中介变量时，结果显示社会因素对体质健康具有显著的负向影响作用（$B=-2.008$，$t=-3.995$，$P<0.01$），与此同时，位移技能对体质健康的影响也同样十分显著（$B=0.979$，$t=2.676$，$P<0.01$）。

由表67可以看出，社会因素在位移技能与体质健康之间的中介效应值为0.171，采用bootstrap方法对中介效应的显著性进行检验，结果表明，中介效应95%的置信区间为（0.012，0.367），区间内不含有0，中

表67 中介效应、直接效应与总效应分解

	效应值	Boot 标准误差	Boot CI 下限	Boot CI 上限	效应占比
社会因素的中介效应	0.171	0.090	0.012	0.367	14.86%
直接效应	0.979	0.343	0.322	1.660	85.14%
总效应	1.149	0.367	0.422	1.880	—

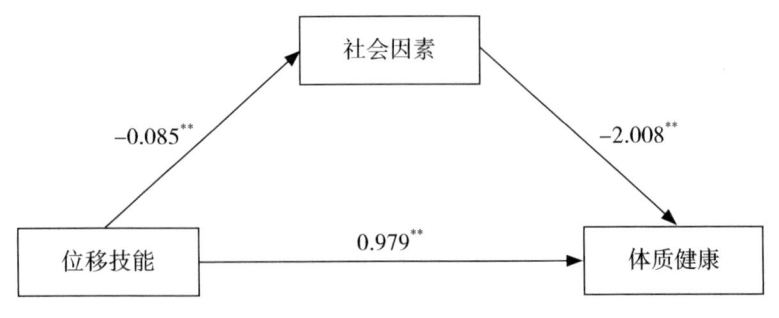

图22 社会因素在位移技能与体质健康之间的中介效应

介效应显著，这表明位移技能不仅能够直接影响体质健康，而且能够通过社会因素的中介作用影响体质健康。因此，社会因素在位移技能与体质健康之间起到部分中介的作用，中介效应占比14.86%。

（6）社会因素在物体控制技能与体质健康之间的中介效应

以物体控制技能为自变量，社会因素为中介变量，体质健康为因变量，对社会因素在物体控制技能与体质健康之间关系的中介效应进行了检验，从而得出了表68、表69。

表68　社会因素在物体控制技能与体质健康之间的中介效应

	体质健康			社会因素			体质健康		
	B	t	P	B	t	P	B	t	P
物体控制技能	2.018	6.119	0.000**	-0.097	-2.624	0.009**	1.846	5.643	0.000**
社会因素	—	—	—	—	—	—	-1.768	-3.635	0.000**
常量	64.157**			3.647**			70.605**		
R方	0.104			0.021			0.139		
F值	37.438**			6.885**			26.034**		

注：** $P<0.01$，表示相关十分显著。

表69　中介效应、直接效应与总效应分解

	效应值	Boot 标准误差	Boot CI 下限	Boot CI 上限	效应占比
社会因素的中介效应	0.172	0.083	0.030	0.355	8.51%
直接效应	1.846	0.310	1.245	2.466	91.49%
总效应	2.018	0.317	1.399	2.655	—

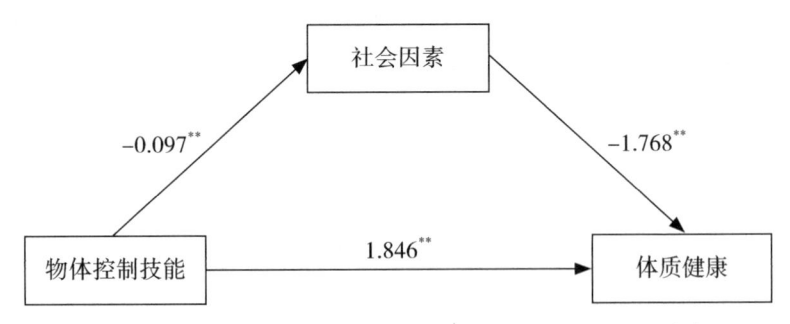

```
                    社会因素
        -0.097**            -1.768**

物体控制技能  ──1.846**──→  体质健康
```

图23 社会因素在物体控制技能与体质健康之间的中介效应

假设物体控制技能为X（自变量），社会因素为M（中介变量），体质健康为Y（因变量），可以得出以下三个回归方程。

第一步：$Y=64.157+2.018X$

第二步：$M=3.647-0.097X$

第三步：$Y=70.605+1.846X-1.768M$

由表68可知，物体控制技能对体质健康具有显著的正向影响（$B=2.018$，$t=6.119$，$P<0.01$），物体控制技能对社会因素具有显著的负向影响（$B=-0.097$，$t=-2.624$，$P<0.01$）。当在物体控制技能与体质健康之间增加社会因素这个中介变量时，发现社会因素对体质健康有着显著的负向影响（$B=-1.768$，$t=-3.635$，$P<0.01$），与此同时，物体控制技能对体质健康的影响仍然十分显著（$B=1.846$，$t=5.643$，$P<0.01$）。

表69可以看出，社会因素在物体控制技能与体质健康之间的中介效应值为0.172，采用bootstrap方法对中介效应的显著性进行检验，结果表明，中介效应95%的置信区间为（0.030，0.355），区间内不含有0，中介效应显著，这表明物体控制技能不仅能够直接影响体质健康，而且能够通过社会因素的中介作用影响体质健康。因此，社会因素在物体控制技能与体质健康之间起到部分中介的作用，中介效应占比8.51%。

（7）个人因素在位移技能与体质健康之间的中介效应

以位移技能为自变量，个人因素为中介变量，体质健康为因变量，对个人因素在位移技能与体质健康之间关系的中介效应进行了检验，从而得出了表70、表71。

表70　个人因素在位移技能与体质健康之间的中介效应

	体质健康			个人因素			体质健康		
	B	t	P	B	t	P	B	t	P
位移技能	1.149	3.094	0.002**	−0.143	−3.331	0.001**	0.735	2.061	0.040*
个人因素	—	—	—	—	—	—	−2.910	−6.380	0.000
常量	68.232**			3.871**			79.495**		
R方	0.029			0.033			0.138		
F值	9.573**			11 098**			25.725**		

注：* $P<0.05$，表示相关显著；** $P<0.01$，表示相关十分显著。

表71　中介效应、直接效应与总效应分解

	效应值	Boot 标准误差	Boot CI 下限	Boot CI 上限	效应占比
个人因素的中介效应	0.415	0.134	0.169	0.700	36.07%
直接效应	0.735	0.340	0.044	1.393	63.93%
总效应	1.149	0.367	0.422	1.880	—

假设位移技能为X（自变量），个人因素为M（中介变量），体质健康为Y（因变量），可以得出以下三个回归方程。

第一步：$Y=68.232+1.149X$

第二步：$M=3.871-0.143X$

第三步：$Y=79.495+0.735X-2.910M$

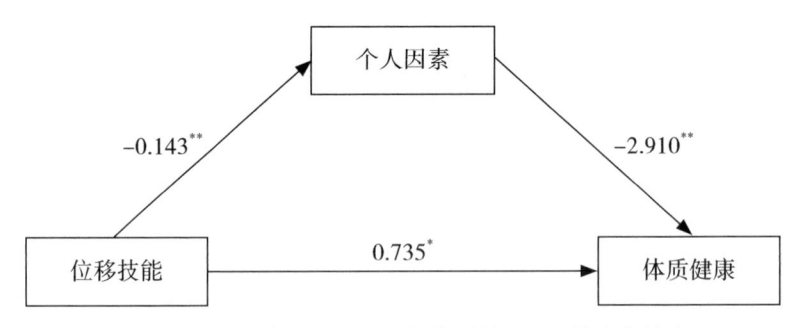

图24 个人因素在位移技能与体质健康之间的中介效应

由表70可知,位移技能对体质健康具有显著的正向影响(B=1.149,t=3.094,P<0.01),位移技能对个人因素呈现非常显著的负向预测作用(B=-0.143,t=-3.331,P<0.01)。当在位移技能与体质健康中加入个人因素这个中介变量时,结果显示个人因素对体质健康也具有显著的正向影响作用(B=-2.910,t=-6.380,P<0.01),与此同时,位移技能对体质健康的影响也同样十分显著(B=0.735,t=2.061,P<0.05)。

由表71可以看出,个人因素在位移技能与体质健康之间的中介效应值为0.415,采用bootstrap方法对中介效应的显著性进行检验,结果表明,中介效应95%的置信区间为(0.169,0.700),区间内不含有0,中介效应显著,这表明位移技能不仅能够直接影响体质健康,而且能够通过个人因素的中介作用影响体质健康。因此,个人因素在位移技能与体质健康之间起到部分中介的作用,中介效应占比36.07%。

(8)个人因素在物体控制技能与体质健康之间的中介效应

以物体控制技能为自变量,个人因素为中介变量,体质健康为因变量,对个人因素在物体控制技能与体质健康之间关系的中介效应进行了检验,从而得出了表72、表73。

表72 个人因素在物体控制技能与体质健康之间的中介效应

	体质健康			个人因素			体质健康		
	B	t	P	B	t	P	B	t	P
物体控制技能	2.018	6.119	0.000**	−0.142	−3.611	0.000**	1.643	5.138	0.000**
社会因素	—	—	—	—	—	—	−2.633	−5.949	0.000**
常量	64.157**			3.874**			74.357**		
R方	0.104			0.039			0.193		
F值	37.438**			13.039**			38.404**		

注：* $P<0.05$，表示相关显著；** $P<0.01$，表示相关十分显著。

表73 中介效应、直接效应与总效应分解

	效应值	Boot标准误差	Boot CI下限	Boot CI上限	效应占比
个人因素的中介效应	0.375	0.128	0.139	0.644	18.57%
直接效应	1.643	0.293	1.093	2.218	81.43%
总效应	2.018	0.317	1.399	2.655	—

假设物体控制技能为X（自变量），个人因素为M（中介变量），体质健康为Y（因变量），可以得出以下三个回归方程。

第一步：$Y=64.157+2.018X$

第二步：$M=3.874-0.142X$

第三步：$Y=74.357+1.643X-2.633M$

由表72可知，物体控制技能对体质健康具有显著的正向影响（$B=2.018$，$t=6.119$，$P<0.01$），物体控制技能对个人因素具有显著的负向影响（$B=-0.124$，$t=-3.611$，$P<0.01$）。当在物体控制技能与体

质健康之间增加个人因素这个中介变量时，结果显示个人因素对体质健康有着显著的负向预测作用（$B=-2.633$，$t=-5.949$，$P<0.01$），与此同时，物体控制技能对体质健康的影响仍然十分显著（$B=1.643$，$t=5.138$，$P<0.01$）。

由表73可以看出，个人因素在物体控制技能与体质健康之间的中介效应值为0.375，采用bootstrap方法对中介效应的显著性进行检验，结果表明，中介效应95%的置信区间为（0.139，0.644），区间内不含有0，中介效应显著，这表明物体控制技能不仅能够直接影响体质健康，而且能够通过个人因素的中介作用影响体质健康。因此，个人因素在物体控制技能与体质健康之间起到部分中介的作用，中介效应占比18.57%。

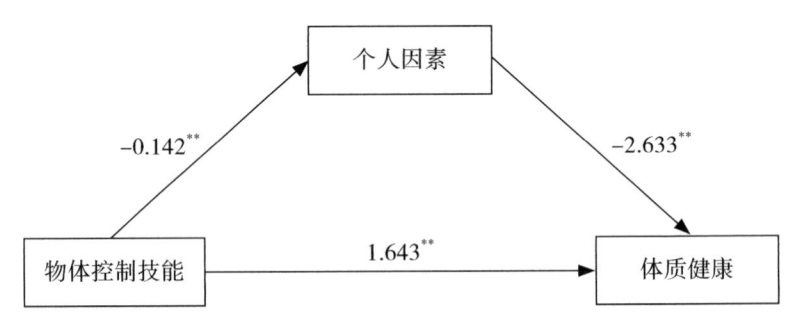

图25　个人因素在物体控制技能与体质健康之间的中介效应

（9）同伴因素在位移技能与体质健康之间的中介效应

以位移技能为自变量，同伴因素为中介变量，体质健康为因变量，对同伴因素在位移技能与体质健康之间关系的中介效应进行了检验，从而得出了表74、表75。

假设位移技能为X（自变量），同伴因素为M（中介变量），体质健康为Y（因变量），可以得出以下三个回归方程。

第一步：$Y=68.232+1.149X$

第二步：$M=3.566-0.079X$

第三步：$Y=72.116+1.063X-1.089M$

第五章 动作技能与大学生体质健康的实证研究

表74 同伴因素在位移技能与体质健康之间的中介效应

	体质健康			同伴因素			体质健康		
	B	t	P	B	t	P	B	t	P
位移技能	1.149	3.094	0.002**	−0.079	−1.873	0.062	1.063	2.864	0.005**
同伴因素	—	—	—	—	—	—	−1.089	−2.238	0.026*
常量	68.232**			3.566**			72.116**		
R方	0.029			0.011			0.044		
F值	9.573**			3.509			7.351**		

注：* $P<0.05$，表示相关显著；** $P<0.01$，表示相关十分显著。

表75 中介效应、直接效应与总效应分解

	效应值	Boot 标准误差	Boot CI 下限	Boot CI 上限	效应占比
同伴因素的中介效应	0.086	0.064	−0.005	0.239	7.49%
直接效应	1.063	0.372	0.321	1.797	92.51%
总效应	1.149	0.367	0.422	1.880	—

由表74可以看出，位移技能对体质健康的具有显著的正向影响（$B=1.149$，$t=3.094$，$P<0.01$），位移技能对同伴因素预测作用不显著（$B=-0.079$，$t=-1.873$，$P>0.05$）。当在位移技能与体质健康中加入同伴因素这个中介变量时，结果显示同伴因素对体质健康具有显著的负向影响作用（$B=-1.089$，$t=-2.238$，$P<0.05$），与此同时，位移技能对体质健康的影响也同样十分显著（$B=1.063$，$t=2.864$，$P<0.01$）。

由表75可以看出，同伴因素在位移技能与体质健康之间的中介效应值为0.086，采用bootstrap方法对中介效应的显著性进行检验，结果表明，中介效应95%的置信区间为（−0.005，0.239），区间内含有0，中介效应不显著，这表明同伴因素在位移技能与体质健康之间没有起到中介作用。

（10）同伴因素在物体控制技能与体质健康之间的中介效应

以物体控制技能为自变量，同伴因素为中介变量，体质健康为因变量，对同伴因素在物体控制技能与体质健康之间关系的中介效应进行了检验，从而得出了表76、表77。

表76 同伴因素在物体控制技能与体质健康之间的中介效应

	体质健康			同伴因素			体质健康		
	B	t	P	B	t	P	B	t	P
物体控制技能	2.018	6.119	0.000**	−0.096	−2.465	0.014*	1.936	5.835	0.000**
同伴因素	—	—	—				−0.861	−1.829	0.068
常量	64.157**			3.646**			67.295**		
R方	0.104			0.019			0.113		
F值	37.438**			6.078*			20.528**		

注：* $P<0.05$，表示相关显著；** $P<0.01$，表示相关十分显著。

表77 中介效应、直接效应与总效应分解

	效应值	Boot 标准误差	Boot CI 下限	Boot CI 上限	效应占比
同伴因素的中介效应	0.083	0.060	−0.005	0.224	4.09%
直接效应	1.936	0.326	1.319	2.582	95.91%
总效应	2.018	0.317	1.399	2.655	—

假设物体控制技能为 X（自变量），同伴因素为 M（中介变量），体质健康为 Y（因变量），可以得出以下三个回归方程。

第一步：$Y=64.157+2.018X$

第二步：$M=3.646-0.096X$

第三步：$Y=67.295+1.936X-0.861M$

由表77可知，物体控制技能对体质健康的具有显著的正向影响（$B=2.018$，$t=6.119$，$P<0.01$），物体控制技能对同伴因素具有显著的负向预测作用（$B=-0.096$，$t=-2.465$，$P<0.05$）。当在物体控制技能与体质健康之间增加同伴因素这个中介变量时，结果显示同伴因素对体质健康没有显著的预测作用（$B=-0.861$，$t=-1.829$，$P>0.05$），但与此同时，物体控制技能对体质健康的影响却十分显著（$B=1.936$，$t=5.835$，$P<0.01$）。

由表77可以看出，同伴因素在物体控制技能与体质健康之间的中介效应值为0.083，采用bootstrap方法对中介效应的显著性进行检验，结果表明，中介效应95%的置信区间为（-0.005，0.224），区间内含有0，中介效应不显著，这表明同伴因素在物体控制技能与体质健康之间没有起到中介作用。

（七）体育消费对体质健康与动作技能的影响

1. 大学生体育消费情况的描述性统计分析

大学生体育消费情况的调查包含了六个问题，分别为：直接体育消费情况、体育消费用途、体育消费价值观、体育消费形式、体育消费市场预期和体育消费市场发展前景。

（1）直接体育消费

体育消费通常指人们用于体育活动方面的消费支出[1]。根据体育消费的外在表现形式，可将其分为体育实物消费、体育信息消费、体育

---

[1] 崔建华. 消费心理学［M］. 哈尔滨：哈尔滨工业大学出版社，2003.

劳务消费，所谓体育实物消费，是指个人用于购买体育服装鞋帽以及运动器材等体育实物的消费支出；体育信息消费是指人们为获得有关体育知识、信息而购买体育期刊、书报或为观看各种体育比赛、表演、展览等所进行的消费，也称体育精神型消费；体育劳务消费是指人们用货币购买各种和体育活动有关的体育劳务或服装的体育消费资料的消费，也称参与型体育消费[1]。大学生的体育消费情况可能与家庭收入、个人经济情况有着密切的关联，同时体育消费也是体现体育价值观念的重要因素。由表78可以看出，将近一半的大学生本学期的体育消费在100~500元，26.2%的大学生本学期的体育消费在100元以下，本学期体育消费在500~1000元的大学生占16.3%，消费在1000~10000元的大学生占比13.5%，而消费在10000元以上的大学生仅有1人。绝大多数的大学生的体育消费水平还是较低的，这是大学生群体的消费水平很大程度是由家庭经济、个人收入的来决定的。

表78 大学生直接体育消费情况

类别	人数	百分比
100元以下	85	26.2%
100~500元	142	43.7%
500~1000元	53	16.3%
1000~10000元	44	13.5%
10000元以上	1	0.3%

（2）体育消费类别

体育消费行为能够在一定程度上反映着大学生的体育价值观念，由表79可以看出，没有体育消费的大学生占14.8%；极少数的大学生购买体育报刊书籍，这与现阶段大学生体育基本理论知识和体育政策的匮

---

[1] 于振峰，叶伟，许高航.对我国体育消费现状的研究[J].体育科学，1999（3）：3-5.

表79 大学生体育消费类别情况（N=551）

类别	人数	百分比
没有体育消费	48	8.7%
购买体育器材	166	30.1%
购买体育服装	125	22.7%
购买体育报刊书籍	8	1.5%
购买体育门票	19	3.4%
交纳体育培训费	27	4.9%
交纳收费场地的入场费	140	25.5%
购买体育彩票	5	0.9%
其他	13	2.3%

乏是相符的，大学生在体育实践方面的表现还是不错的；本学期的体育消费用于购买体育器材、购买体育服装、交纳收费场地入场费的大学生占据较大比例，体育器材是某些体育运动的必需品，由于上课、课余锻炼的需求导致大学生的花费较多；适宜的体育服装能够更好地满足体育运动的需求，近些年来的体育服装设计在提升运动表现的同时也越来越注重美观和舒适性，例如，阿迪达斯、耐克等著名品牌都受到很多大学生的喜欢，另外体育服装不仅可以用于体育运动时，在日常使用也较为适合；高校越来越多大学生注重体育锻炼，导致学校的体育场馆不能够满足日益增加的体育需求，因此高校不得不采取收费限流的方式，从而导致了大学生在这方面的消费有所增加，这也从侧面体现了我国实行全面健身计划以后大学生的体育意识有所提升，同时也提示大学生应尽可能的多提供一些场所满足大学生的需求；交纳体育培训费的大学生占8.5%，这些大学生主要期望通过体育培训掌握或提高体育技能；购买体育门票的大学生人数也不多，占比5.8%，这是由于互联网的发展，绝大多数比赛都有线上转播，使大学生线下观看体育比赛的需求减少了；购买体育彩票的大学生仅占1.5%，说明大学生参与博彩的意愿不是很高，

仅处于尝试阶段。资金与时间的投入能够在一定程度上反映着大学生对体育价值的认识程度，体育意识则深刻影响着大学生的体育行为。通过以上调查分析可以看出，大学生在体育消费行为上体育理论与实践性存在严重的失调，这也是阻碍大学生的体质健康提升的重要原因。在体育教学中，教师不仅要重视培养大学生的运动技能，也要引导大学生花费一定的时间去阅读体育相关的知识，了解体育对自身的价值，做到理论与实践、理性与感性的相统一，使其体育行为具备持续性和稳定性。

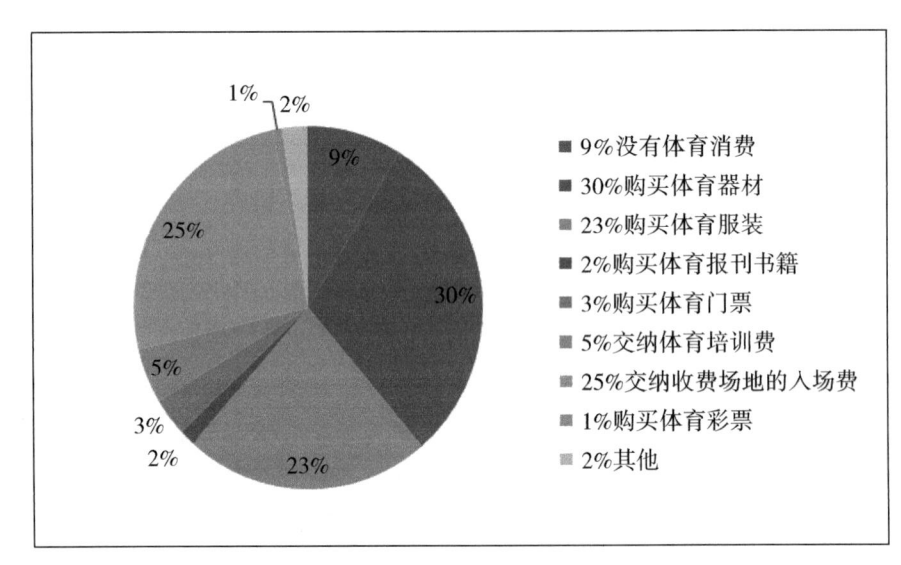

图26　大学生体育消费类别

（3）体育消费价值观

体育消费的评价是基于大学生在购买体育相关的商品、服务而产生的一种心理体验。消费者的满意要求是多方面、分层次的，如产品的质量、价格的高低、服务的好坏等，但不论是哪种外在的满意表现都是为了达到心理的满足，同时也与大学生体育消费前的预期有着较大的关联。由表80可以看出，对体育消费感到不太满意的大学生仅占2.8%，认为体育消费一般的大学生占27.7%,觉得体育消费比较值得和非常值得的大学生分别占52.0%和17.5%,说明绝大多数的大学生在进行体育消费后基本都能符合此前的预期。

表80　大学生体育消费价值观情况

类别	人数	百分比
非常不值得	1	0.3%
比较不值得	8	2.5%
一般	90	27.7%
比较值得	169	52.0%
非常值得	57	17.5%

（4）体育消费形式

由表81可以看出大学生体育消费形式,有198人会选择通过网络进行体育消费,占比60.9%,在实体店消费的学生有106人,占比32.6%。这是现代社会越来越离不开网络,现有的网络购物平台（如淘宝、京东）给大学生提供了极大的便利性,不仅可以节约时间,还能够货比三家,操作也较为简单,可以满足大学生个性化的体育需求；而线下体育用品店和体育消费场所相对较少,难以满足大学生日益增长的体育消费需求,一些特殊的体育器械在线下也难以买到,此外时间、经济等客观条件的限制也导致大学生更愿意使用网购来满足自身的需求。

表81　大学生体育消费形式

类别	人数	百分比
实体店	106	32.6%
网购	198	60.9%
其他	21	6.5%

（5）大学生对体育消费市场发展前景

体育在我国依旧是朝阳产业，全民体育意识薄弱、体育氛围不佳、体育活力不足等都是长久存在的问题，在目前这个快速发展期，除需要产业内一线人员的努力，更需要市场的信心支持，这才是从业人员坚持下去的动力，从表82可以看出，76.7%的大学生相信体育市场消费未来发展的前景，随着我国经济的快速增长，体育作为娱乐、受尊重、自我实现等高层次需求的活动会更多进入大众的视野，未来体育产业也将会吸引更多优秀的人才、更优质的资源来发展壮大。

表82 大学生对未来体育消费市场的发展前景

类别	人数	百分比
非常没前景	2	0.6%
比较没前景	3	0.9%
一般	71	21.8%
比较有前景	178	54.9%
非常有前景	71	21.8%

本题为多选题。从表83可以看出，大部分人更看好体育塑形产业（64.6%）和体育健康产业（63.4%），这两类产业更倾向于体育改造人的身体这一本质功能，大部人能清醒地认识到体育对于健康、塑形的作用，这不仅是未来体育产业蓬勃发展的证明，更是国民体质健康未来将得到大幅度整体提升的信号，健康塑性与体育的强联系，将冲破药物塑形、秘方延寿等邪说谣言，帮助人们形成科学健康的终身体育观和对我国未来体育氛围、体育文化的形成至关重要。处于第二梯队的是青少年培训业（44.6%）和体育赛事业（43.7%），青少年处于身心发育的关键时期，此时优质的体育培训将让其受用终生，再者，随着为人父母者人均受教育水平、经济实力的整体提高，越来越多人的育儿观念也由原来的粗犷放羊式转向精英培养模式，拥有一项出色的运动技能不仅有益

表83 大学生看好的未来体育消费行业情况（N=1028）

类别	人数	百分比
体育赛事产业	142	13.8%
体育健康产业	206	20.1%
体育场馆经营	104	10.1%
体育塑型产业	210	20.4%
足球产业	44	4.3%
网络体育转播	73	7.1%
青少年培训	145	14.1%
体育电子竞技	103	10%
其他	1	0.1%

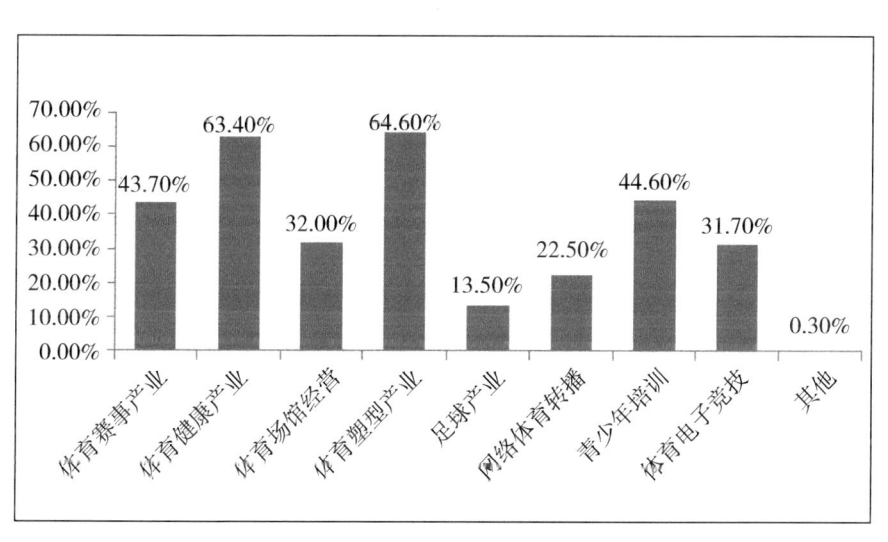

图27 大学生看好的未来体育消费行业情况

于孩子的身心健康发展，更将成为孩子人生的闪光点，青少年体育培训业也将成为未来体育产业的发展亮点；体育赛事是体育本质健身功能与娱乐功能完美融合的表现，这种功能融合将扩大体育的受众范围，这正是体育产业、体育事业发展亟须的人力基础。第三梯队是体育场馆经营（32.0%）和体育电子竞技（31.7%），体育场馆是优质赛事的保障，更会在空窗期成为全民健身的重要场所；近年来电子竞技发展势头迅猛，并为体育产业创下了巨大的经济收益，今后随着硬件设备与网络技术的进一步发展，电子竞技也将成为未来的一大亮点。

2. 体育消费对体质健康的影响

（1）体育消费与体质健康的相关分析

通过相关性分析与多元回归分析来探究体育消费对大学生体质健康和动作技能的影响。本研究选取了反映大学生直接体育消费、体育消费价值观和体育消费市场预期这三个因素，探索三个维度与体质健康和动作技能的关系。

由表84可以看出，体育消费三个因素（直接体育消费、体育消费价值观和体育消费市场预期）与体质健康的相关分析中，直接体育消费与体质健康不存在明显的相关关系（$P>0.05$）；体育消费价值观与体质健康存在显著的正相关，相关系数为0.121（$P<0.05$）；体育消费市场预期与体质健康不存在相关关系（$P>0.05$）。

表84 体育消费与体质健康的相关分析（$N=325$）

		直接体育消费	体育消费价值观	体育消费市场预期
体质健康	相关系数	0.006	0.121*	0.064
	P值	0.910	0.029	0.248

注：* $P<0.05$，表示相关显著；** $P<0.01$，表示相关十分显著。

（2）体育消费与体质健康的回归分析

以直接体育消费、体育消费价值观和体育消费市场预期作为自变量，以体质健康作为因变量，进行多元线性回归分析。由表85可以看出，该模型调整后的R方值为0.007，对模型进行F检验时发现模型F检验不显著（$F=1.776$，$P>0.05$），说明直接体育消费、体育消费价值观和体育消费市场预期这三个维度均不能对体质健康产生显著的影响关系。有研究表明，性别、生源地域、体育兴趣、运动参与、体育消费品的价格是影响大学生体育消费的主要因素[1]。例如，男生进行体育消费的动机通常为强身健体，而女生进行体育消费的动机则主要是为了减肥健美；不同生源地学生的经济状况也有所不同，农村与城市的大学生的体育消费也存在明显的差异；而个体对体育的兴趣决定了其对体育的热情，进而引导着他们进行体育消费；运动参与度高的大学生相较于运动参与度较低的大学生在体育服装、体育器材、体育活动门票等方面的支出都会有所增加；体育消费品的价格也是影响大学生进行体育消费的重要原因，现代各种体育服装、器材等都融合了先进的技术，优质的服装、器材等会使运动参与者得到更好的运动体验，而此类体育商品的价格也不菲，大学生由于没有稳定的经济收入，购买此类产品的概率也就相对较小。直接体育消费是大学生显性体育行为的体现，以上数据表明，直接体育消费行为并不能带体质健康方面的提升，这表明花钱难以买到健康。显性体育行为更多地受制于大学生个体对体育的需求、体育价值观等方面的制约。本研究表明，大学生的体育消费价值观与体质健

表85 体育消费与体质健康的回归分析（$N=325$）

	非标准化系数		标准化系数	t	P	F
	B	标准误差	Beta			
常数	67.805	3.025	—	22.417	0.000**	1.776
直接体育消费	−0.274	0.488	−0.033	−0.563	0.574	
体育消费价值观	1.355	0.679	0.123	1.994	0.047*	
体育消费市场预期	0.288	0.662	0.026	0.436	0.663	

注：*$P<0.05$，表示相关显著；**$P<0.01$，表示相关十分显著。

---

[1] 何敏学，都晓娟.大学生体育消费现状及其影响因素[J].体育学刊，2004（3）：29-31.

康具有显著的相关性。金健秋、徐国宏（2001）就指出，大学生的体育价值观是大学生对体育这一客观存在的社会现象感觉、思维、评价、判断的综合体观，它直接影响大学生对体育的情感、态度和直接体育行为[1]。体育消费价值观深刻影响着体育消费行为，它反映着大学生的体育消费观念以及对体育价值的认可程度，对大学生体育消费行为起着导向作用。郭文、黄依柱（2010）认为，消费价值观是体质健康突出问题大学生心目中用于衡量消费行为轻重、权衡得失的内心尺度，它指导着人的体育消费行为并渗透于整个个性之中，影响着体质健康突出问题大学生对未来体育消费的预测、估计或计划[2]。可见，体育消费价值观能够在一定程度上对体质健康产生相应的正向影响作用。绝大多数大学生对体育消费市场预期都持非常乐观的态度，认为未来体育消费市场是拥有十分巨大的潜力的，这表明大学生对于体育所带来的经济效应有了一定的认识，这同时也表明，经济的发展对体质健康的影响并不明显。我国的经济正处于飞速发展的阶段，但学生的体质健康水平却呈现逐年下降的趋势，这个问题也值得我们深思。

3. 体育消费对动作技能的影响

（1）体育消费与动作技能的相关分析

由表86可以看出，体育消费3个因素（直接体育消费、体育消费价值观和体育消费市场预期）与反映动作技能的2个维度（位移技能、物体控制技能）的相关分析中，直接体育消费与位移技能、物体控制技能均呈现显著的正向相关关系，相关系数分别为0.164（$P<0.01$）和0.124（$P<0.05$）；体育消费价值观与位移技能、物体控制技能均不存在显著的相关关系（$P>0.05$）；体育消费市场预期同样与位移技能、物体控制技能都不存在显著的相关关系（$P>0.05$）。

---

[1] 金健秋，徐国宏，尹海立.大学生体育行为探析[J].中国体育科技，2001（7）：34-36.
[2] 郭文，黄依柱，朱建伟，王国猛.消费价值观对体质健康突出问题大学生体育消费心理预期与行为的影响[J].北京体育大学学报，2010，33（9）：86-90.

表86 体育消费与动作技能的相关分析（N=325）

		直接体育消费	体育消费价值观	体育消费市场预期
体质健康	相关系数	0.164**	0.105	0.021
	P值	0.003	0.058	0.701
物体控制技能	相关系数	0.124*	0.129*	−0.008
	P值	0.025	0.020	0.892

注：* $P<0.05$，表示相关显著；** $P<0.01$，表示相关十分显著。

（2）体育消费与位移技能的回归分析

以直接体育消费、体育消费价值观、体育消费市场预期作为自变量，以位移技能作为因变量，进行多元线性回归分析。由表87可以看出，该模型调整后的R方值为0.021，对模型进行F检验时发现模型通过F检验（F=3.335，$P<0.05$），说明直接体育消费、体育消费价值观、体育消费市场预期这三项指标中至少会有一项对位移技能产生显著的影响关系。该模型给出的常数项为3.881（$P<0.01$）；直接体育消费的回归系数为0.179（$P<0.05$），意味着直接体育消费会对位移技能产生显著的正向预测作用；体育消费价值观的回归系数为0.101（$P>0.05$），意味着体育消费价值观不能对位移技能产生显著的预测作用；体育消费市场预期的回归系数为−0.007（$P>0.05$），这表明体育消费市场预期对位

表87 体育消费与位移技能的回归分析

	非标准化系数 B	标准误差	标准化系数 Beta	t	P	F
常数	3.881	0.443	—	8.754	0.000**	3.335
直接体育消费	0.179	0.071	0.145	2.504	0.013*	
体育消费价值观	0.101	0.100	0.062	1.010	0.313	
体育消费市场预期	−0.007	0.097	−0.004	−0.076	0.939	

注：* $P<0.05$，表示相关显著；** $P<0.01$，表示相关十分显著。

移技能的预测作用并不显著。

(3) 体育消费与物体控制技能的回归分析

将直接体育消费、体育消费价值观、体育消费市场预期作为自变量,将物体控制技能作为因变量进行多元线性回归分析。由表88可知,该模型调整后的R方值为0.018,对模型进行F检验时发现模型通过F检验($F=0.033$,$P<0.05$)。该模型给出的常数项为3.952($P<0.01$);直接体育消费的回归系数为0.120($P>0.05$),意味着直接体育消费不会对物体控制技能产生显著的预测作用;体育消费价值观的回归系数为0.207($P>0.05$),意味着体育消费价值观不能对物体控制技能产生显著的预测作用;体育消费市场预期的回归系数为-0.089($P>0.05$),这表明体育消费市场预期对物体控制技能的预测作用并不显著。体育消费是一种阶段性的行为,不同阶段的体育消费行为有着不同的特征,大学生的体育消费受到个体的生活方式和思想观念的影响,而这两者通常与个体所处的社会环境和校园环境有着密切的关联。体育消费价值观会对直接体育消费行为产生驱动、导向和支持作用,提高大学生的体育消费价值观,进而提升直接体育消费,高校应注重校园文化建设、创设良好的体育氛围、了解大学生的体育需求、加强体育人文学科的建设,与此同时,教师在进行体育教学时让学生认识到体育的真正价值也能够进一步引导大学生进行体育消费。大学生在体育上进行消费投资,是对体育价值的一种认可,但体育锻炼通常会让他们感到十分疲惫,一些大学生虽然能够认识到体育带来的益处,但因为身体素质欠佳、怕苦怕累等诸多原因而经常放弃进行体育锻炼,难以形成一个良好的体育锻炼习惯。多数研究表明,动作技能需要长期的时间投入才能得到良好的发展,以上数据提示我们,花钱不会直接带来动作技能的提升,只有亲身参与体育运动,体验体育带来的乐趣,形成一个长期而稳定的体育锻炼习惯,才能使动作技能发展有进一步的提高。

表88 体育消费与物体控制技能的回归分析

	非标准化系数		标准化系数	t	P	F
	B	标准误差	Beta			
常数	3.952	0.481	—	8.224	0.000**	2.939 $P=0.033*$
直接体育消费	0.120	0.077	0.090	1.547	0.123	
体育消费价值观	0.207	0.108	0.118	1.916	0.056	
体育消费市场预期	−0.089	0.105	−0.049	−0.845	0.399	

注：*$P<0.05$，表示相关显著；**$P<0.01$，表示相关十分显著。

4. 体育消费对运动习惯的影响

（1）体育消费与运动习惯的相关分析

通过相关性分析与多元回归分析来探究体育消费对运动习惯的影响，将大学生直接体育消费、体育消费价值观和体育消费市场预期这三个问题与运动习惯进行相关性分析，得出表89。

表89 体育消费与运动习惯的相关分析（$N=325$）

		直接体育消费	体育消费价值观	体育消费市场预期
运动习惯	相关系数	0.249**	0.272**	0.124*
	P值	0.000	0.000	0.025

注：*$P<0.05$，表示相关显著；**$P<0.01$，表示相关十分显著。

由表89可以看出，体育消费3个因素（直接体育消费、体育消费价值观和体育消费市场预期）与运动习惯的相关分析中，直接体育消费与运动习惯存在明显的正向相关关系，相关系数为0.249（$P<0.01$）；体育消费价值观与运动习惯也存在显著的正相关，相关系数为0.272（$P<0.01$）；体育消费市场预期与运动习惯也同样存在正向相关关系（$P<0.05$）。以上数据表明，直接体育消费、体育消费价值观和体育消

费市场预期与大学生良好的运动习惯有很高的相关性，即体育消费高、体育消费价值观高、体育消费市场预期好的大学生其运动习惯也较好，这从体育消费的侧面可以看出体育投入与运动习惯的关系。

（2）体育消费与运动习惯的回归分析

以直接体育消费、体育消费价值观、体育消费市场预期作为自变量，以运动习惯作为因变量，进行多元线性回归分析。由表90可以看出，该模型调整后的R方值为0.098，对模型进行F检验时发现模型通过F检验（$F=12.755$，$P<0.01$），说明直接体育消费、体育消费价值观、体育消费市场预期这三项指标中至少会有一项对运动习惯产生显著的预测功能。该模型给出的常数项为2.088（$P<0.01$）；直接体育消费的回归系数的0.131（$P<0.01$），意味着直接体育消费会对运动习惯产生显著的正向预测作用；体育消费价值观的回归系数为0.183（$P<0.01$），意味着体育消费价值观同样能够对运动习惯产生显著的预测作用；而体育消费市场预期的回归系数为0.051（$P>0.05$），这表明体育消费市场预期对运动习惯的预测作用并不显著。

表90　体育消费与运动习惯的回归分析

	非标准化系数 B	非标准化系数 标准误差	标准化系数 Beta	t	P	F
常数	2.088	0.243	—	8.582	0.000**	
直接体育消费	0.131	0.039	0.186	3.348	0.001**	12.755
体育消费价值观	0.183	0.055	0.197	3.348	0.001**	
体育消费市场预期	0.051	0.053	0.053	0.950	0.343	

注：* $P<0.05$，表示相关显著；** $P<0.01$，表示相关十分显著。

大学生进行体育消费通常包含了三个环节：首先要产生一个进行体育消费的内部驱动力，其次是受到体育消费心理动机的影响实施体育消费，最后通过实施的体育消费行为感受体育消费带来的体验进而产生再次进行体育消费的行为与态度。这三者相互联系，相互影响，形成了一个有机整体。上述数据提示我们，体育消费与运动习惯有着密切的关联，并且体育消费可以在一定程度上促进大学生形成良好的体育运动习惯。通常来说，体育消费是一个预期、打算，是大学生准备进行体育运动以及持续运动的表现，同时也是促进其养成良好运动习惯的一个重要组成部分。陈晨（2020）认为，由体育锻炼生发出的消费范畴并不局限于单纯的商品交易，人们通过消费实践获得身心状态改变和带有认同感的消费体验，体育锻炼的习惯深刻影响着消费的内容和种类[1]。有研究也表明，合理的体育锻炼和体育消费既可提升大学生生活品质，也可起到强身健体的作用，要提高学生体育意识和体育消费水平，就要对体育有正确的认识，使其内化为动力、养成运动习惯和培养运动兴趣[2]。大学生进行体育消费通常是为了开始参与运动以及获得更好的运动体验，所以才有了体育消费的想法，因此，体育消费与运动习惯有着一定的关联。随着社会经济的迅速发展与科技的飞速进步，人们在进行体育活动时也更加注重科学、专业的锻炼方法，寻求更合适的服装、体育设施与装备等，以求得到更好的运动体验，而不仅仅局限在参与这个层面。由此可见，体育消费是运动习惯的一种体现，而运动习惯又是产生体育消费的重要影响因素，两者相互影响，相互促进。

5.体育消费在动作技能与体质健康之间中介效应

（1）直接体育消费在位移技能与体质健康之间的中介效应

以位移技能为自变量，直接体育消费为中介变量，体质健康为因变量，对直接体育消费在位移技能与体质健康之间关系的中介效应进行了检验，得出了表91、表92。

---

[1] 陈晨.青少年的体育锻炼与体育消费[J].中国青年研究，2020（7）：14-21.
[2] 席宾，席岳琳，韩仰熙，任素梅.基于河北省大学生体育意识和体育消费的研究——以张家口市为例[J].产业与科技论坛，2019，18（17）：122-124.

表91 直接体育消费在位移技能与体质健康之间的中介效应

	体质健康			直接体育消费			体质健康		
	B	t	P	B	t	P	B	t	P
位移技能	1.149	3.094	0.002**	0.133	2.989	0.003**	1.174	3.113	0.002**
直接体育消费	—	—	—	—	—	—	−0.185	−0.398	0.691
常量	68.232**			1.566**			68.522**		
R方	0.029			0.027			0.029		
F值	9.573**			8.936**			4.853**		

注：* $P<0.05$，表示相关显著；** $P<0.01$，表示相关十分显著。

表92 中介效应、直接效应与总效应分解

	效应值	Boot 标准误差	Boot CI 下限	Boot CI 上限	效应占比
直接体育消费的中介效应	−0.025	0.067	−0.170	0.103	−2.14%
直接效应	1.174	0.380	0.452	1.936	102.14%
总效应	1.149	0.367	0.422	1.880	—

假设位移技能为 X（自变量），直接体育消费为 M（中介变量），体质健康为 Y（因变量），可以得出以下三个回归方程。

第一步：$Y=68.232+1.149X$

第二步：$M=1.566+0.133X$

第三步：$Y=68.522+1.174X-0.185M$

由表91可以看出，位移技能对体质健康的具有显著的正向影响（$B=1.149$，$t=3.094$，$P<0.01$），位移技能对直接体育消费呈现非常显著的正向预测作用（$B=-0.133$，$t=2.989$，$P<0.01$）。当在位移技能与

体质健康中加入直接体育消费这个中介变量时,结果显示直接体育消费对体质健康的预测作用并不显著($B=-0.185$,$t=-0.398$,$P>0.05$),但与此同时,位移技能对体质健康的影响也仍然十分显著($B=1.174$,$t=3.113$,$P<0.01$)。

由表92可以看出,直接体育消费在位移技能与体质健康之间的中介效应值为-0.025,采用bootstrap方法对中介效应的显著性进行检验,结果表明,中介效应95%的置信区间为(-0.170,0.103),区间内含有0,中介效应不显著,这表明直接体育消费在位移技能与体质健康直接没有起到中介作用。

(2)直接消费在物体控制技能与体质健康之间的中介效应

以物体控制技能为自变量,直接体育消费为中介变量,体质健康为因变量,对直接体育消费在物体控制技能与体质健康之间关系的中介效应进行了检验,得出了表93、表94。

表93 直接体育消费在物体控制技能与体质健康之间的中介效应

	体质健康			直接体育消费			体质健康		
	B	t	P	B	t	P	B	t	P
物体控制技能	2.018	6.119	0.000**	0.093	2.251	0.025*	2.045	6.146	0.000**
直接体育消费	—	—	—	—	—	—	-0.287	-0.645	0.519
常量	64.157**			1.748**			64.658**		
R方	0.104			0.015			0.105		
F值	37.438**			5.068*			20.528**		

注:* $P<0.05$,表示相关显著;** $P<0.01$,表示相关十分显著。

表94 中介效应、直接效应与总效应分解

	效应值	Boot 标准误差	Boot CI 下限	Boot CI 上限	效应占比
直接体育消费的中介效应	−0.027	0.048	−0.139	0.060	−1.32%
直接效应	2.045	0.330	1.399	2.695	101.32%
总效应	2.018	0.317	1.399	2.655	—

假设物体控制技能为X（自变量），直接体育消费为M（中介变量），体质健康为Y（因变量），可以得出以下三个回归方程。

第一步：$Y=64.157+2.018X$

第二步：$M=1.748+0.093X$

第三步：$Y=64.658+2.045X-0.287M$

由表93可以看出，物体控制技能对体质健康的具有显著的正向影响（$B=2.018$，$t=6.119$，$P<0.01$），物体控制技能对直接体育消费呈现显著的预测作用（$B=0.093$，$t=2.251$，$P<0.05$）。当在物体控制技能与体质健康之间增加直接体育消费这个中介变量时，结果显示直接体育消费对体质健康没有显著的预测作用（$B=-0.287$，$t=-0.645$，$P>0.05$），与此同时，物体控制技能对体质健康的预测作用十分显著（$B=2.045$，$t=-0.287$，$P<0.01$）。

由表94可以看出，直接体育消费在物体控制技能与体质健康之间的中介效应值为−0.027，采用bootstrap方法对中介效应的显著性进行检验，结果表明，中介效应95%的置信区间为（−0.139，0.060），区间内含有0，中介效应不显著，这表明直接体育消费在物体控制技能与体质健康直接没有起到中介作用。

（3）体育消费价值观在位移技能与体质健康之间的中介效应

以位移技能为自变量，体育消费价值观为中介变量，体质健康为因变量，对体育消费价值观在位移技能与体质健康之间关系的中介效应进行了检验，从而得出了表95、表96。

表95　体育消费价值观在位移技能与体质健康之间的中介效应

	体质健康			体育消费价值观			体质健康		
	B	t	P	B	t	P	B	t	P
位移技能	1.149	3.094	0.002**	0.065	1.904	0.058	1.075	2.889	0.004**
体育消费价值观	—	—	—	—	—	—	1.150	1.900	0.058
常量	68.232**			3.540**			64.161**		
R方	0.029			0.011			0.040		
F值	9.573**			3.626			6.631**		

注：* $P<0.05$，表示相关显著；** $P<0.01$，表示相关十分显著。

表96　中介效应、直接效应与总效应分解

	效应值	Boot标准误差	Boot CI 下限	Boot CI 上限	效应占比
体育消费价值观	0.075	0.062	−0.015	0.218	6.48%
直接效应	1.075	0.359	0.371	1.775	93.52%
总效应	1.149	0.367	0.422	1.880	—

假设位移技能为X（自变量），体育消费价值观为M（中介变量），体质健康为Y（因变量），可以得出以下三个回归方程。

第一步：$Y=68.232+1.149X$

第二步：$M=3.540+0.065X$

第三步：$Y=64.161+1.075X+1.150M$

由表95可知，位移技能对体质健康的具有显著的正向影响（$B=1.149$，

$t=3.094$，$P<0.01$），位移技能对体育消费价值观没有显著的预测作用（$B=-0.065$，$t=1.904$，$P>0.05$）。当在位移技能与体质健康中加入体育消费价值观这个中介变量时，结果显示体育消费价值观对体质健康没有显著的正向预测作用（$B=1.150$，$t=1.900$，$P>0.05$），与此同时，位移技能对体质健康的预测作用依然十分显著（$B=1.075$，$t=2.889$，$P<0.01$）。

由表96可以看出，体育消费价值观在位移技能与体质健康之间的中介效应值为0.075，采用bootstrap方法对中介效应的显著性进行检验，结果表明，中介效应95%的置信区间为（-0.015，0.218），区间内含有0，中介效应不显著，这表明体育消费价值观在位移技能与体质健康之间没有起到中介作用。

（4）体育消费价值观在物体控制技能与体质健康之间的中介效应

以物体控制技能为自变量，体育消费价值观为中介变量，体质健康为因变量，对体育消费价值观在物体控制技能与体质健康之间关系的中介效应进行了检验，从而得出了表97、表98。

表97　体育消费价值观在物体控制技能与体质健康之间的中介效应

	体质健康			体育消费价值观			体质健康		
	B	t	P	B	t	P	B	t	P
物体控制技能	2.018	6.119	0.000**	0.074	2.344	0.020*	1.953	5.883	0.000**
体育消费价值观	—	—	—	—	—	—	0.890	1.523	0.129
常量	64.157**			3.498**			61.044**		
R方	0.104			0.017			0.110		
F值	37.438**			5.495*			19.956**		

注：* $P<0.05$，表示相关显著；** $P<0.01$，表示相关十分显著。

表98　中介效应、直接效应与总效应分解

	效应值	Boot 标准误差	Boot CI 下限	Boot CI 上限	效应占比
体育消费价值观的中介效应	0.065	0.054	−0.022	0.187	3.24%
直接效应	1.953	0.316	1.340	2.607	96.76%
总效应	2.018	0.317	1.399	2.655	—

假设物体控制技能为X（自变量），体育消费价值观为M（中介变量），体质健康为Y（因变量），可以得出以下三个回归方程。

第一步：$Y=64.157+2.018X$

第二步：$M=3.498+0.074X$

第三步：$Y=61.044+1.953X+0.890M$

由表97可以看出，物体控制技能对体质健康的具有显著的正向影响（$B=2.018$，$t=6.119$，$P<0.01$），物体控制技能对体育消费价值观具有显著的正向预测作用（$B=0.074$，$t=2.344$，$P<0.05$）。当在物体控制技能与体质健康之间增加体育消费价值观这个中介变量时，结果显示体育消费价值观对体质健康没有显著的预测作用（$B=0.890$，$t=1.523$，$P>0.05$），与此同时，物体控制技能对体质健康的正向预测作用仍然十分显著（$B=1.953$，$t=5.883$，$P<0.01$）。

由表98可以看出，体育消费价值观在物体控制技能与体质健康之间的中介效应值为0.065，采用bootstrap方法对中介效应的显著性进行检验，结果表明，中介效应95%的置信区间为（−0.022，0.187），区间内含有0，中介效应不显著，这表明体育消费价值观没有在物体控制技能与体质健康之间起到中介作用。

（5）体育消费市场预期在位移技能与体质健康之间的中介效应

以位移技能为自变量，体育消费市场预期为中介变量，体质健康为因变量,对体育消费市场预期在位移技能与体质健康之间关系的中介效应进行了检验,从而得出了表99、表100。

表99 体育消费市场预期在位移技能与体质健康之间的中介效应

	体质健康			体育消费市场预期			体质健康		
	B	t	P	B	t	P	B	t	P
位移技能	1.149	3.094	0.002**	0.013	0.385	0.701	1.141	3.071	0.002**
体育消费市场预期	—	—	—	—	—	—	0.684	1.106	0.270
常量	68.232**			3.904**			65.564**		
R方	0.029			0.001			0.033		
F值	9.573**			0.148			5.401**		

注:* $P<0.05$,表示相关显著;** $P<0.01$,表示相关十分显著。

表100 中介效应、直接效应与总效应分解

	效应值	Boot 标准误差	Boot CI 下限	Boot CI 上限	效应占比(%)
体育消费市场预期的中介效应	0.009	0.038	−0.066	0.095	0.77
直接效应	1.141	0.367	0.4226	1.864	99.23
总效应	1.149	0.367	0.422	1.880	—

假设位移技能为 X(自变量),体育消费市场预期为 M(中介变量),体质健康为 Y(因变量),可以得出以下三个回归方程。

第一步:$Y=68.232+1.149X$

第二步:$M=3.904+0.013X$

第三步:$Y=65.564+1.141X+0.684M$

由表99可知,位移技能对体质健康的具有显著的正向影响($B=1.149$,

$t=3.094$，$P<0.01$），位移技能对体育消费市场预期没有显著的预测作用（$B=0.013$，$t=0.385$，$P>0.05$）。当在位移技能与体质健康中加入体育消费市场预期这个中介变量时，结果显示体育消费市场预期对体质健康没有显著的预测作用（$B=0.684$，$t=1.106$，$P>0.05$），与此同时，位移技能对体质健康的影响仍然十分显著（$B=1.141$，$t=3.071$，$P<0.01$）。

由表100可以看出，体育消费市场预期在位移技能与体质健康之间的中介效应值为0.009，采用bootstrap方法对中介效应的显著性进行检验，结果表明，中介效应95%的置信区间为（-0.066，0.095），区间内含有0，中介效应不显著，这表明体育消费市场预期没有在位移技能与体质健康之间起到中介作用。

（6）体育消费市场预期在物体控制技能与体质健康之间的中介效应

以物体控制技能为自变量，体育消费市场预期为中介变量，体质健康为因变量，对体育消费市场预期在物体控制技能与体质健康之间关系的中介效应进行了检验，从而得出了表101、表102。

表101　个人因素在物体控制技能与体质健康之间的中介效应

	体质健康			体育消费市场预期			体质健康		
	B	t	P	B	t	P	B	t	P
物体控制技能	2.018	6.119	0.000**	-0.004	-0.136	0.892	2.021	6.134	0.000**
体育消费市场预期	—	—	—	—	—	—	0.752	1.267	0.206
常量		64.157**			3.983**			61.163**	
R方		0.104			0.000			0.108	
F值		37.438**			0.018			61.163**	

注：** $P<0.01$，表示相关十分显著。

表102　中介效应、直接效应与总效应分解

	效应值	Boot 标准误差	Boot CI 下限	Boot CI 上限	效应占比（%）
体育消费市场预期的中介效应	-0.003	0.033	-0.081	0.061	-0.15
直接效应	2.021	0.324	1.388	2.659	100.16
总效应	2.018	0.317	1.399	2.655	—

假设物体控制技能为X（自变量），体育消费市场预期为M（中介变量），体质健康为Y（因变量），可以得出以下三个回归方程。

第一步：$Y=64.157+2.018X$

第二步：$M=3.983-0.004X$

第三步：$Y=61.163+2.021X+0.752M$

由表101可以看出，物体控制技能对体质健康的具有显著的正向影响（$B=2.018$，$t=6.119$，$P<0.01$），物体控制技能对体育消费市场预期没有显著的预测作用（$B=-0.004$，$t=-0.136$，$P>0.05$）。当在物体控制技能与体质健康之间增加体育消费市场预期这个中介变量时，结果显示体育消费市场预期对体质健康不存在显著的预测作用（$B=0.752$，$t=1.267$，$P>0.05$），与此同时，物体控制技能对体质健康的影响仍然十分显著（$B=2.021$，$t=6.134$，$P<0.01$）。

由表102可以看出，体育消费市场预期在物体控制技能与体质健康之间的中介效应值为-0.003，采用bootstrap方法对中介效应的显著性进行检验，结果显示，中介效应95%的置信区间为（-0.081，0.061），区间内含有0，中介效应不显著，这表明体育消费市场预期没有在物体控制技能与体质健康之间起到中介作用。

（八）个人健康状况对体质健康与动作技能的影响

1. 大学生个人健康状况描述性统计分析

（1）个人健康状态

由表103可以看出，只有半数的同学自我感觉身体尚且健康，还有近半数（48%）的同学认为自己的健康状况一般或较差。身体具备自愈能力，健康状况不能事无巨细地被意识感知，但是当人们自我感知身体不好时，说明问题已经积累到了一定程度，开始出现各种不适症状，可以看出很多学生已经感觉到自己没有处于良好的健康状态下，健康问题迫在眉睫。

表103 大学生个人健康状态

类别	人数	百分比（%）
非常差	5	1.5
较差	49	15.1
一般	102	31.4
较好	138	42.5
非常好	31	9.5

（2）个人精神状态

由表104可以看出，认为自己该学期精神状态良好的人不到半数（41.9%），33.1%的同学认为自己的精神状态一般，22.5%的同学认为自己的精神状态较差，还有2.5%的同学认为自己的精神状态很差。青少年本应是人生中最具活力与朝气的时期，学生自我感觉的精神状态情况却不尽如人意，这应该引起我们的重视。

表104　大学生个人精神状态

类别	人数	百分比（%）
非常差	8	2.5
较差	73	22.5
一般	108	33.1
较好	125	38.5
非常好	11	3.4

（3）个人身体状态（易疲劳、记忆力下降、注意力不集中）

由表105可以看出，仅36.6%的同学不认为自己易疲劳、记忆力下降或注意力不集中等身体亚健康症状，约有1/3（33.2%）的同学认为自己出现了易疲劳、记忆力下降或注意力不集中等亚健康情况，这对处于快速发育时期的大学生而言有非常不好的影响。

表105　个人身体状况（易疲劳、记忆力下降、注意力不集中）

类别	人数	百分比（%）
非常符合	14	4.3
比较符合	94	28.9
一般	98	30.2
比较不符合	114	35.1
非常不符合	5	1.5

（4）个人心理状态（思维缓慢、反应迟钝、不良情绪）

思维缓慢、反应迟钝、不良情绪是身体亚健康的表现，如果大学生们长期处于这种状态，对其健康会造成极为不利的影响。由表106可以看出，近1/3（27.1%）的同学表示自己经常感到思维缓慢、反应迟钝和不良情绪，没有上述不良反应的同学不到1/3（28.6%），如此多的大学生的身体没有处于正常健康状态，求学之路漫长艰难，没有强健的体魄作为支撑，很难达到理想的彼岸。

表106　个人心理状况（思维缓慢、反应迟钝、不良情绪）

类别	人数	百分比（%）
非常符合	14	4.3
比较符合	74	22.8
一般	144	44.2
比较不符合	73	22.5
非常不符合	20	6.2

2. 体质健康对个人健康状况的影响

（1）体质健康与个人健康状况的相关分析

由表107可以看出，个人健康状况的四个因素（健康状态、精神状态、身体状态、心理状态）与体质健康的相关分析中，体质健康与健康状态呈现显著的正相关关系，相关系数为0.340（$P<0.01$）；体质健康与精神状态存在显著的正相关，相关系数为0.343（$P<0.01$）；体质健康与身体状态呈现显著的正相关，相关系数为0.336（$P<0.01$）；体质健康与心理状态存在显著的正相关关系，相关系数分别为0.364（$P<0.01$）。

表107　体质健康与个人健康状况的相关分析（$N=325$）

		健康状态	精神状态	身体状态	心理状态
体质健康	相关系数	0.340**	0.343**	0.336**	0.364**
	P值	0.000	0.000	0.000	0.000

注：* $P<0.05$，表示相关显著；** $P<0.01$，表示相关十分显著。

（2）体质健康与个人健康状况的回归分析

通过上述分析可以发现，体质健康与个人健康状况具有非常显著的正相关关系。为进一步探究体质健康与个人健康状况的关联，在SPSS中以体质健康为自变量，以个人健康状况四个因素（健康状态、精神状态、身体状态、心理状态）为因变量，建立线性回归模型。

由表108可以看出，体质健康与个人健康状况的R为0.419，该模型的R方为0.176，意味着体质健康可以解释个人健康状况的17.6%变化原因，可以认为体质健康在一定程度上影响着个人健康状况。另外，对模型进行F检验时发现模型通过F检验（$F=68.978$，$P<0.01$），说明模型构建有意义，可以认为体质健康与个人健康状况有着密切的关联。由表108还可以看出，该模型给出的常数项为0.307，回归系数为0.039。对回归系数进行t检验，可以得出$t=8.305$（$P<0.01$），意味着体质健康会对个人健康状况有着极其显著的正向预测作用，即体质健康可以在一定程度上预测个人健康状况的发展，学生的体质健康越好，其整体的健康状况也就越好。综合上述分析，可以得出体质健康与个人健康状况的回归方程模型：

$$个人健康状况 = 0.307 + 0.039 \times 体质健康$$

表108 体质健康与个人健康状况的回归分析（$N=325$）

	非标准化系数 B	非标准化系数 标准误差	标准化系数 Beta	t	P	F
常数	0.307	0.346	—	0.886	0.376	68.978
体质健康	0.039	0.005	0.419	8.305	0.000**	

注：*$P<0.05$，表示相关显著；**$P<0.01$，表示相关十分显著。

3. 动作技能发展对个人健康状况的影响

（1）动作技能与个人健康状况的相关分析

由表109可以看出，个人健康状况的四个因素（健康状态、精神状态、身体状态、心理状态）与反映动作技能的位移技能和物体控制技能两个维度的相关分析中，位移技能虽然与健康状态、精神状态不存在显著的相关关系（$P>0.05$），但与身体状态、心理状态存在显著的正相关性，相关系数分别为0.123（$P<0.05$）和0.140（$P<0.05$）；而物体控制技能与健康状态、精神状态、身体状态、心理状态都存在显著的正向相关关系，相关系数分别为0.110（$P<0.05$）、0.141（$P<0.05$）、0.153（$P<0.01$）和0.226（$P<0.01$）。

表109 动作技能与个人健康状况的相关分析（$N=325$）

		健康状态	精神状态	身体状态	心理状态
位移技能	相关系数	0.063	0.068	0.123*	0.140*
	P值	0.258	0.219	0.026	0.011
物体控制技能	相关系数	0.110*	0.141*	0.153**	0.226**
	P值	0.047	0.011	0.006	0.000

注：*$P<0.05$，表示相关显著；**$P<0.01$，表示相关十分显著。

（2）动作技能与个人健康状况的回归分析

由上述数据可以发现，反映动作技能的位移技能和物体控制技能两个维度与个人健康状况都有着一定程度的影响，为了探究动作技能两个维度对个人健康状况的影响程度，将位移技能、物体控制技能两个维度作为自变量，将个人健康状况作为因变量，在SPSS中进行多元线性回归，得出表110。

表110　动作技能与个人健康状况的回归分析（N=325）

	非标准化系数 B	标准误差	标准化系数 Beta	t	P	F
常数	2.630	0.177	—	14.833	0.000**	
位移技能	0.007	0.042	0.012	0.172	0.863	6.165
物体控制技能	0.107	0.039	0.185	2.739	0.007**	

注：* $P<0.05$，表示相关显著；** $P<0.01$，表示相关十分显著。

由表110可以看出，将动作技能与个人健康状况进行线性回归后该模型的调整后R方为0.031，意味着动作技能可以解释个人健康状况3.1%的变化原因，从而可以推断出大学生的动作技能发展水平会在一定程度上影响着个人健康状况。另外，对模型进行F检验时发现模型通过F检验（$F=6.165$，$P=0.002<0.01$），也即说明位移技能与物体控制技能两者中至少1项会对个人健康状况产生影响关系。由表110可以看出，模型给出的常数项为2.630，位移技能的回归系数为0.007（$P>0.05$），意味着位移技能可能不会对个人健康状况产生预测作用；物体控制技能的回归系数为0.107（$P<0.01$），意味着物体控制技能会对个人健康状况产生显著的预测功能，即物体控制技能表现越好，其个人健康状况也会更好。由以上数据可以得出位移技能、物体控制技能对体质健康的回归方程模型：

个人健康状况=2.630+0.007×位移技能+0.107×物体控制技能

（九）运动习惯与动作技能在体质健康与个人健康状况之间的链式中介

1. 运动习惯与位移技能在体质健康与个人健康状况之间的链式中介

首先将位移技能、运动习惯、体质健康、个人健康状况做相关性分析，得出表111。

表111 位移技能、运动习惯、体质健康、个人健康状况的相关分析

	位移技能	运动习惯	体质健康	个人健康状况
位移技能	1	—	—	—
运动习惯	0.208**	1	—	—
体质健康	0.170**	0.485**	1	—
个人健康状况	0.120**	0.325**	0.419**	1

注：*$P<0.05$，表示相关显著；**$P<0.01$，表示相关十分显著。

由表111可以看出，位移技能、运动习惯、体质健康、个人健康状况两两之间均存在显著的相关性，符合进一步对运动习惯与体质健康在位移技能与个人健康状况之间的中介效应检验要求。采用Hayes（2012）编制的SPSS宏中的"中介模型6-链式中介"进行检验，以位移技能为自变量，以运动习惯和体质健康作为中介变量，以个人健康状况作为因变量，对运动习惯与体质健康在位移技能与个人健康状况之间的链式中介效应进行了检验，得出了表112、表113。

表112 运动习惯与体质健康在位移技能与个人健康状况之间的中介效应

结果变量	预测变量	R^2	F	B	t	P
个人健康状况	—	0.014	4.734*	—	—	—
—	位移技能	—	—	0.075	2.176	0.030*
运动习惯	—	0.043	14.541**	—	—	—
—	位移技能	—	—	0.119	3.813	0.000**
体质健康	—	0.240	50.916**	—	—	—
—	位移技能	—	—	0.488	1.452	0.148
—	运动习惯	—	—	5.571	9.467	0.000**
个人健康状况	—	0.196	26.132**	—	—	—
—	位移技能	—	—	0.019	0.595	0.552

（续表）

结果变量	预测变量	R^2	F	B	t	P
—	体质健康	—	—	0.169	2.669	0.008**
—	运动习惯	—	—	0.031	5.913	0.000**

注：* $P<0.05$，表示相关显著；** $P<0.01$，表示相关十分显著。

表113 中介效应、直接效应与总效应分解

	效应值	Boot 标准误差	Boot CI 下限	Boot CI 上限	相对中介效应（%）
运动习惯与体质健康的总中介效应	0.056	0.018	0.024	0.094	74.54
间接效应1	0.020	0.010	0.004	0.043	26.66
间接效应2	0.015	0.010	−0.004	0.038	20.29
间接效应3	0.021	0.008	0.008	0.038	27.59
直接效应	0.019	0.033	−0.043	0.084	25.46
总效应	0.075	0.034	0.007	0.141	—

由表112可知，位移技能对个人健康状况具有显著的正向预测作用（$B=0.075$，$t=2.176$，$P<0.05$）；位移技能对运动习惯呈现显著的正向预测作用（$B=0.119$，$t=3.813$，$P<0.01$）；位移技能对体质健康的预测作用并不显著（$B=0.488$，$t=1.452$，$P>0.05$），而运动习惯对体质健康的正向预测作用则非常显著（$B=5.571$，$t=9.467$，$P<0.01$）；当在位移技能与个人健康状况之间增加运动习惯和体质健康这两个中介变量时，结果显示位移技能对个人健康状况的预测作用并不显著（$B=0.019$，$t=0.595$，$P>0.05$），体质健康对个人健康状况的预测作用十分显著（$B=0.169$，$t=2.669$，$P<0.01$），与此同时，运动习惯对个人健康状况的预测功能也同样显著（$B=0.031$，$t=5.913$，$P<0.01$）。

表113的中介效应检验结果显示，运动习惯与体质健康在位移技能与个人健康状况之间的中介效应值为0.056，采用bootstrap方法对中介效应的显著性进行检验，结果表明，中介效应95%的置信区间为（0.024，0.094），区间内不含有0，中介效应显著，中介效应占比74.54%。运动习惯与体质健康两者在物体控制技能和个人健康状况的中介效应由三条间接效应路径组成，从表113可以看出，间接效应1（位移技能→运动习惯→个人健康状况）的中介效应值为0.020，bootstrap95%的置信区间为（0.004，0.043），区间内不含0，中介效应显著，中介效应占总效应的26.66%；间接效应2（位移技能→体质健康→个人健康状况）的中介值为0.015，bootstrap95%的置信区间为（-0.004，0.038），区间内含有0，因此该路径的中介效应不显著；间接效应3（位移技能→运动习惯→体质健康→个人健康状况）的中介效应值为0.021，bootstrap95%的置信区间为（0.008，0.038），区间内不含0，表示该路径的中介效应显著，中介效应占比27.59%。

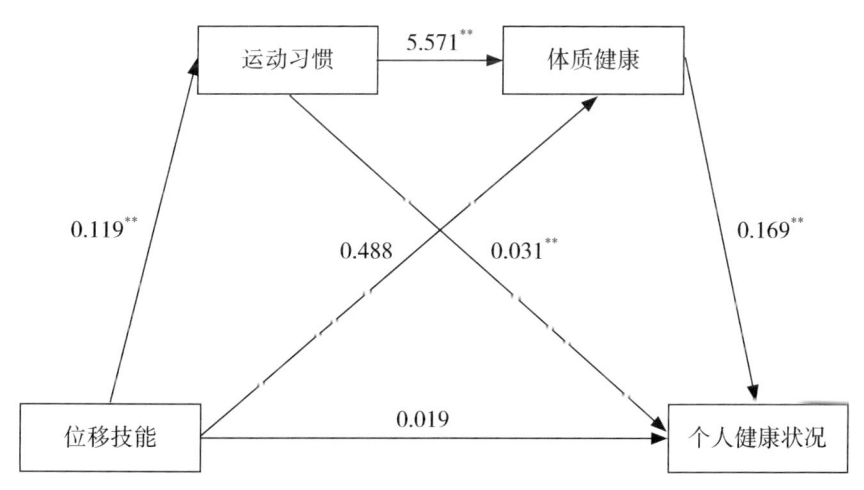

图28　运动习惯与体质健康在位移技能与个人健康状况之间的中介效应

2. 运动习惯与物体控制技能在体质健康与个人健康状况之间的链式中介

将物体控制技能、运动习惯、体质健康、个人健康状况做相关性分析，得出表114。

表114 物体控制技能、运动习惯、体质健康、个人健康状况的相关分析

	物体控制技能	运动习惯	体质健康	个人健康状况
物体控制技能	1	—	—	—
运动习惯	0.277**	1	—	—
体质健康	0.322**	0.485**	1	—
个人健康状况	0.192**	0.325**	0.419**	1

注：* $P<0.05$，表示相关显著；** $P<0.01$，表示相关十分显著。

由表114可以看出，物体控制技能、运动习惯、体质健康、个人健康状况两两之间均存在显著的相关性，符合进一步对运动习惯与体质健康在位移技能与个人健康状况之间的中介效应检验要求。采用Hayes（2012）编制的SPSS宏中的"中介模型6-链式中介"进行检验，以物体控制技能为自变量，运动习惯和体质健康作为中介变量，个人健康状况为因变量，对运动习惯与体质健康在物体控制技能与个人健康状况之间的中介效应进行了检验，从而得出了表115、表116。

表115 运动习惯与体质健康在物体控制技能与个人健康状况之间的中介效应

结果变量	预测变量	R^2	F	B	t	P
个人健康状况	—	0.037	12.338**	—	—	—
—	物体控制技能	—	—	0.111	3.513	0.001**
运动习惯	—	0.077	26.932**	—	—	—
—	物体控制技能	—	—	0.147	5.190	0.000**

(续表)

结果变量	预测变量	R^2	F	B	t	P
体质健康	—	0.274	60.601**	—	—	—
—	物体控制技能	—	—	1.273	4.113	0.000**
—	运动习惯	—	—	5.080	8.670	0.000**
个人健康状况	—	0.197	26.248**	—	—	—
—	物体控制技能	—	—	0.025	0.797	0.426
—	体质健康	—	—	0.168	2.640	0.009**
—	运动习惯	—	—	0.031	5.654	0.000**

注：* $P<0.05$，表示相关显著；** $P<0.01$，表示相关十分显著。

表116 中介效应、直接效应与总效应分解

	效应值	Boot标准误差	Boot CI 下限	Boot CI 上限	相对中介效应（%）
运动习惯与体质健康的总中介效应	0.087	0.019	0.052	0.125	77.79
间接效应1	0.025	0.011	0.006	0.050	22.03
间接效应2	0.039	0.012	0.019	0.065	35.16
间接效应3	0.023	0.008	0.010	0.041	20.59
直接效应	0.025	0.031	−0.035	0.085	22.21
总效应	0.111	0.030	0.051	0.169	—

由表115可以看出，物体控制技能对个人健康状况具有显著的正向预测作用（$B=0.111$，$t=3.513$，$P<0.01$）；物体控制技能对运动习惯呈现显著的正向预测作用（$B=0.147$，$t=5.190$，$P<0.01$）；物体控制技能对体质健康的正向预测作用非常显著（$B=1.273$，$t=4.113$，$P<0.01$），运动习惯对体质健康的正向预测作用也同样非常显著（$B=5.080$，$t=8.670$，$P<0.01$）；当在物体控制技能与个人健康状况之间增加运动习惯和体质健康这两个中介变量时，结果显示物体技能对个人健康状

况的预测作用并不显著（$B=0.025$，$t=0.797$，$P>0.05$），体质健康对个人健康状况的正向预测作用十分显著（$B=0.168$，$t=2.640$，$P<0.01$），与此同时，运动习惯对个人健康状况的正向预测功能也同样显著（$B=0.031$，$t=5.654$，$P<0.01$）。

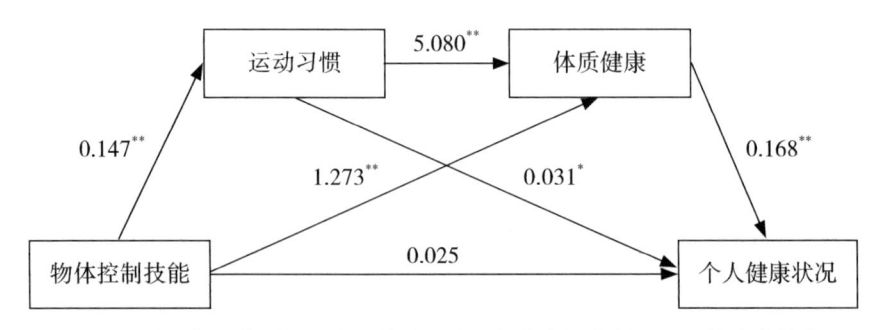

表116的中介效应检验结果显示，运动习惯与体质健康在物体控制技能与个人健康状况之间的中介效应值为0.087，采用bootstrap方法对中介效应的显著性进行检验，结果表明，中介效应95%的置信区间为（0.052，0.125），区间内不含有0，中介效应显著，中介效应占总效应的比例为77.79%。运动习惯与体质健康两者在物体控制技能和个人健康状况的中介效应由三条间接效应路径组成。从表116可以看出，间接效应1（物体控制技能→运动习惯→个人健康状况）的中介效应值为0.025，bootstrap95%的置信区间为（0.006，0.050），区间内不含0，中介效应显著，中介效应占总效应的比为22.03%；间接效应2（物体控制技能→体质健康→个人健康状况）的中介值为0.012，bootstrap95%的置信区间为（0.019，0.065），区间内不含0，因此该路径的中介效应十分显著，中介效应占总效应的比为35.16%；间接效应3（物体控制技能→运动习惯→体质健康→个人健康状况）的中介效应值为0.023，bootstrap95%的置信区间为（0.010，0.041），区间内不含0，表示该路径的中介效应显著，中介效应占比20.59%。

图29　运动习惯与体质健康在物体控制技能与个人健康状况之间的中介效应

第六章　动作技能培训方案

新世纪以来，随着人民的生活质量逐步提高，青少年的体质健康却一度呈现出持续下滑的趋势，使得体质健康问题逐步成为人们重点关注的对象。2014年最新修订的《国家学生体质健康标准》从身体形态、身体机能及身体素质三个指标来对学生的体质健康进行综合评估，以反映学生的体质健康现状。而这三个评价指标都与人的动作技能发展有着密不可分的联系，通过动作技能发展水平不仅可以判断与监测身体的形态、机能和素质等体质健康的显性特征，而且它也是检测体质健康状况的重要因素[1]。在人类的动作技能发展的过程中，基本动作技能的发展水平始终贯穿着人的一生。大学阶段虽然已经不是动作技能发展的黄金阶段，但动作技能的针对性练习也会对动作技能的发展起到积极的修正作用，且此阶段动作技能的有效练习会对大学阶段较为复杂的动作学习和练习打下基础，进而对运动习惯养成以致终身体育习惯形成具有推进作用。

大学生生理特征主要表现为：

第一，身体形态特点。我国大学生身体形态发展虽有缓慢生长，但基本趋向稳定；身体各部分的长度、宽度、围度的生长发育基本完成，各部分的受力及运动负荷接近或达到最佳水平，为身体形态均衡发展提供了物质前提；男生较壮实，女生较丰满，男女差别显著。

第二，身体机能特点。大学生的脉搏已从青少年期随年龄增长逐年下降而日益稳定，但女生高于男生。大学生心脏发育日趋完善，心缩力量增强，收缩压增高，这些都是血液供应适应机体负荷增加的需要。大

---

[1] Greg Payne, 耿培新. 人类动作发展概论 [M]. 北京：人民教育出版社，2008.

学生胸廓的横径和纵径都继续增加，胸围也在不断地加大，男性的增加量大于女性的增加量。身体素质发展最快的年龄在12～17岁之间的少年时期。到19岁以后，无论是男生或女生的各项身体素质增长开始放慢，并有逐年下降的趋势。

第三，男生肌肉迅速发展且较为壮实，女生脂肪堆积，较丰满。

第四，神经系统特点。到了大学阶段，大学生的第二信号系统已有相当发展，第二信号系统的主导作用进一步增强，第一信号系统和第二信号系统之间的相互沟通更为完善。

大学生心理特征主要表现为：

第一，自我意识突出。进入大学之后，由于环境的变化引起心理感受的变化，强烈的要求重新塑造并确立真正的自我，在自我评价能力和自我控制能力方面比中学时代有所提高，但发展的水平参差不齐。

第二，情感激烈复杂。大学生感情不再像中小学生那样天真、纯朴、直白而是比较内向含蓄，此外敏感、自尊、喜欢表现自己也是突出的情感特征。

第三，意志力增强。大学生的独立意识和自觉性明显增强，对自己行动的目的性和社会意义有较清晰的认识，但果断性、自制力和坚毅性存在较大的个体差异。性格基本形成。

第四，个性倾向日趋成熟。在性格的意志、情绪、理智特征方面，大学生表现出逐渐稳定的状态，并且自觉地培养良好的性格。

根据大学生的身心特征，结合动作技能的发展规律，针对大学生设计动作技能培训方案。基本动作技能包括位移技能（走、跑、跳等）和物体控制技能（投、接球等），这些技能是所有运动的基础，也是组成日常生活中的动作基础。本部分的设计方案根据大学生实际情况，分为了基础阶段、中期阶段、提升阶段，提出相应的动作技能发展的锻炼目标与具体的、易操作的训练方法，为大学生动作技能发展指引方向。

一、基础阶段

学习怎样控制肢体行为，发展协调能力，使得自身的肢体控制能力达到一定的熟练程度并可以灵活地控制肢体行为的发展过程。

（一）位移技能的发展

1. 原地纵向双脚跳

训练目的：训练基础跳跃能力。

训练方法：身体保持立正状态，目视前方，假想头顶正上方有一个球，略微下蹲，轻轻起跳，用头顶球；落地时微屈膝缓冲震动，保持身体稳定。变换跳跃高度，直至每一跳都能做到轻起轻落，身体平稳。

2. 双脚跳

训练目的：锻炼跳跃位移能力。

训练方法：在原地纵上双脚跳的基础上，以前、后、左、右的顺序依次变换方向跳跃；以低高度近距离起步，逐渐可加大高度与距离；重复跳跃，做到轻起轻落，身体平稳。

3. 单脚跳

训练目的：锻炼跳跃能力与单脚平衡能力。

训练方法：在原地纵上双脚跳的基础上，单脚起跳，同脚落地，微蹲缓冲；一只脚练习5次之后换另一只脚；以低高度近距离起步，逐渐可加大高度与距离。重复动作，做到轻起轻落，身体平稳。

4. 跑马步

训练目的：训练身体控制与协调能力。

训练方法：在立正状态的基础上，左脚向前跨一步，落地支撑，右脚迅速向左脚靠拢，待身体稳定，重复左脚前跨、右脚靠拢的动作；手臂微弯曲自然放于身体两侧。重复训练，直至可以自由变换前进脚与方向，并保持动作节奏。

5. 滑步

训练目的：训练身体控制与协调能力。

训练方法：身体立直，膝盖微弯曲，肩膀不动，头转向左侧；左脚向左跨一步，宽度略大于肩膀，落地支撑，右脚迅速向左脚靠拢，待身体稳定，重复左脚左跨、右脚靠拢的动作；手臂抬起，与肩齐平。重复训练，直至可以自由变换先行脚、转头方向和动作速度，并保持动作节奏。

6. 垫步跳

训练目的：训练身体控制与协调能力。

训练方法：双腿交替进行踏步到单脚跳的动作，手臂配合与下肢相反方向摆动。

7. 前后滚动、左右滚动

训练目的：发展身体的柔韧性，平衡感觉和协调灵敏性。

训练方法：双腿全蹲，双手抱膝，低头团身，身团紧，滚动圆；先练习团紧身体，在老师的帮助下进行前后左右滚动的练习；反复练习直至脱离老师保护。

8. 连续前滚翻

训练目的：发展灵巧素质、提高自我保护能力。
训练方法：团身紧，圆滑滚动，滚成直线。

（二）物体控制技能的发展

1. 肩下投掷

训练目的：训练手对球的控制能力。

训练方法：两脚开立，一只脚在前，异侧手（优势手）肩下投掷与手掌相似大小的球体（网球、棒球等）；先投直线、再投空中弧线；动作熟悉后，逐渐增加投掷距离。

2. 接球

训练目的：训练手眼协调性。

训练方法：学生在原地将篮球轻轻上抛，落地反弹后双手接住；再进行抛球后不反弹直接接球的练习；动作熟悉后，逐渐增加抛球高度；做好接球时手臂的缓冲。

3. 手运球

训练目的：训练手对球的控制能力和空间意识。

训练方法：惯用手原地运球，球与腰同高，动作熟悉后换可行走运球；慢慢增加行走速度，做到目视前方，不注视球；换非惯用手练习。直至可以凭手的感觉运球，双手自由交替运球。

4. 踢地滚球

训练目的：训练脚对球的控制能力。

训练方法：原地踢静止球；助跑踢静止球；改变踢球力度，控制踢球距离；动作熟悉后，根据伙伴的位置，控制踢球方向与距离；要求整个过程球必须贴地滚动。

5. 脚运球

训练目的：训练脚对球的控制能力、速度意识、空间意识。

训练方法：用脚内侧将球向前轻轻踢出；控制踢球力度行进间运球；逐渐增加速度，直至保持动作稳定的情况下，慢跑带球；优势脚熟悉动作后，换非优势脚练习；直至双脚自由交替熟练运球。

6. 跳绳

训练目的：认识跳绳，训练节奏感。

训练方法：教师摇绳，学生进行长绳跳跃；熟悉节奏之后，学生自己摇绳自己跳，先从单个跳跃练起，逐渐增加数量直至连续跳跃。

二、中期阶段

发展灵敏、协调和平衡能力，并进行简单组合动作的教学。

（一）位移技能的发展

1. 跨步跳

训练目的：训练跳跃能力。

训练方法：单脚起跳，另一只脚落地，落地时屈膝缓冲；通过伸展身体增加滞空时间；一开始由五步助跑一步跨跳，逐渐减少助跑，直至可以连续跨跳；进行不同距离的跨跳练习。

2. 跳跃和落地

训练目的：提高跳跃能力和落地缓冲能力。

训练方法：按照双脚起跳双脚落地、单脚起跳双脚落地、双脚起跳单脚落地、单脚起跳同脚落地、单脚起跳异脚落地的顺序进行练习，熟练后可自由组合跳跃姿势。

3. 后滚翻

训练目的：发展柔韧、灵巧素质。

训练方法：低头团身，快速后滚翻臀，滚至颈肩，及时推垫。

4. 跪跳起

训练目的：了解作用力与反作用力，手臂与身体协调配合。

训练方法：跪姿开始，双臂迅速上摆制动，同时瞬间展髋、提膝、收腿成半蹲；动作熟练后可做从一定高度向低处的跪跳起动作。

5. 侧手翻

训练目的：增强上肢、肩带、腰腹力量，训练身体平衡能力。

训练方法：侧向站立手平举，蹬地双手双脚依次落地，尽量使手脚落在一条直线上，身体绷紧挺直；重复训练直至翻滚圆滑，落地平稳。

6. 跳上跳箱成蹲撑，向前跳下接前滚翻

训练目的：在实践中体会高处跳下自我保护的技巧。

训练方法：双脚同时起跳上跳箱，屈膝落地，立即跳下接前滚翻；要求协调自然，衔接连贯。

（二）物体控制技能的发展

1. 单手推实心球

训练目的：体会手臂"推"的感觉；全身协调发力。

训练方法：持球；后引预备；推球（蹬、转、挺、推）。

2. 双手从头后向前抛实心球

训练目的：体会手臂"抛"的感觉；发展协调素质。

训练方法：两脚前后开立，两手持球于头上后引，蹬地收腹甩臂，将球抛出；初次练习强调动作标准，不要求距离。

3. 踢空中球

训练目的：训练腿部力量的精确控制。

训练方法：助跑之后用优势脚踢球的中心下方，将球踢到空中；加大力度，让球飞得更远；动作熟练之后进行进准远距离踢空中球练习。

4. 脚运球

训练目的：训练脚部控制能力。

训练方法：在基础阶段熟练的情况下，采用慢速跑、中速跑运球；动作熟练后根据指令改变运球方向、速度、路径。

5. 用短柄器材击球（侧身）

训练目的：运用器材控球的能力、空间意识、手眼配合。

训练方法：侧身对墙，利用短柄球拍（乒乓球拍等）将球向墙壁连续击打；动作熟悉后逐渐增加与墙壁的距离。

6. 用长柄器材击球

训练目的：延长器材长度，刺激手臂对加长器材的控制能力。

训练方法：利用羽毛球拍、网球拍进行垫球、运球、墙壁击球的练习；根据实际情况增加曲棍运球、射门练习。

三、提升阶段

主要培养学生的速度、力量、灵敏、协调等，以及初步掌握几项较为复杂的运动技能。

（一）位移技能的发展

1. 蹲踞式起跑

训练目的： 学习规范的起跑动作、提高短距离跑步速度。

训练方法： 前脚离线一脚半，后膝跪地臂撑展，换抬臀部略高肩，重心前移肩朝线。

2. 下压式、上挑式接力

训练目的： 规范接力跑动作、训练配合合作意识。

训练方法： 下压式：接棒人手臂向后伸直，虎口张开，掌心向上，传棒人将接力棒前段压送到接棒人掌心；上挑式：接棒人手臂自然后伸，虎口向下，传棒人将接力棒前端由下向上挑送至接棒人掌心。

3. 蹲踞式跳远

训练目的： 全身协调配合，充分提高跳远距离。

训练方法： 助跑、踏跳，腾空后双膝屈膝向胸前靠拢，两臂经身前后摆，落地式小腿前伸，身体前倾，手臂摆至身前维持平衡。

4. 跨越式跳高

训练目的： 训练灵敏、全身协调配合，充分提高跳跃能力。

训练方法：助跑、起跳，起跳时摆动腿微屈积极向上，过杆后，摆动腿脚尖内转下压，起跳腿跟随过杆，落地屈膝缓冲。

5. 肩肘倒立

训练目的：训练身体控制能力、腰腹力量和平衡能力。

训练方法：上体向后滚动，两臂压垫，举腿撑腰，用肩和两肘三点撑地保持平衡。

6. 前滚翻-单腿前滑成纵叉-后腿前摆并腿坐-肩肘倒立

训练目的：了解技巧组合动作规律，促进灵敏、柔韧、平衡、定向能力发展。

训练方法：前滚翻起立，单脚前滑成纵叉，后腿前摆并腿坐，上体向后倒，滚动成肩肘倒立。

7. 分腿腾跃山羊

训练目的：发展灵敏性和协调性并初步掌握分腿腾越的动作。

训练方法：助跑，双脚踏跳，提臀分腿，顶肩推手，腾空时身体绷紧，屈膝缓冲落地。

（二）操作技能的发展

1. 肩上投掷

训练目的：发展上肢力量和身体协调性及提高投掷精准度。

训练方法：投掷手掌大小的球（室内垒球、网球等），设置投掷目标（不同半径同心圆），在肩上进行精准投掷，变换投掷距离与球的大小重量进项练习，感受不同情况下的力量控制精度。

2. 手运球控球

训练目的： 将运球技能与其他技能结合应用。

训练方法： 一对一进行运球和防守练习，一人在固定位置进行干扰，带球者双手交替运球前进，利用身体遮挡、假动作变向等护球、躲避干扰，顺利到达指定位置。

3. 踢凌空球

训练目的： 提高空间意识，对远端肢体的控制能力。

训练方法： 将球拿起轻抛，在球落地前，踢球；眼睛盯住球，感受踢球时脚的位置与出球后球的飞行路径的关系；逐渐增加踢球距离；变换踢球方向；控制力度与方向，努力提高精准度。

4. 使用器材的运球控球

训练目的： 进一步增强手在间接控球时的控制能力，提高手眼协调能力。

训练方法： 曲棍运球、护球过人、射门；网球、羽毛球隔网对打。

5. 动态环境传接球

训练目的： 发展学生的灵巧素质、身体协调、超前判断能力。

训练方法： 两人配合，进行行进间传接球练习，努力做到将球精准传到对方所在位置；动作熟悉后，可增加防守人员的断球和干扰。

附录 "运动习惯、动作技能发展与体质健康"调查问卷

指导语

亲爱的同学：

你好！为了解大学生动作技能发展情况及体质健康现状，特设计了本问卷。请根据自己的情况作答。本问卷结果只作为团体统计和研究使用，不对个人评价。感谢你的支持！

北京市社科基金项目

一、基本资料

姓名_____ 年龄____ 性别：男□ 女□ 生源地_____省_____市

二、运动习惯

1. **本学期，除体育课外，你每周参加几次运动？**
   A.0次　B.1次　C.2次　D.3次　E.4次及以上

2. **除体育课外，还参加什么体育项目**
   A.足球　B.篮球　C.排球　D.乒乓球　E.羽毛球　F.网球
   G.跑步　H.游泳　I.走路　J.健身　K.健身操　L.跳绳
   M.其他_____

3. **每次运动多长时间？**
   A.不到10分钟　B.10~30分钟　C.30~60分钟　D.60分钟以上

4. **每次运动疲劳程度**
   A.一点不累　B.有一点累　C.较累　D.非常累

附录 "运动习惯、动作技能发展与体质健康"调查问卷

5. 运动坚持了大约多长时间?
   A.一年　B.半年　C.三个月　D.一个月　E.一周　F.刚开始
   G.还没有养成习惯

6. 初中体育教师体育教学时,是否出现放羊式教学?
   A.较多　B.偶尔有　C.完全没有

7. 高中体育教师体育教学时,是否出现放羊式教学?
   A.较多　B.偶尔有　C.完全没有

8. 初中体育课是否出现被占用?
   A.较多　B.偶尔有　C.完全没有

9. 高中体育课是否出现被占用?
   A.较多　B.偶尔有　C.完全没有

10. 中学时代,是否有过跳绳考试?
    A.经常有　B.有　C.很少有　D.没有

11. 中学时代,体育考试是否严格?
    A.非常严格　B.严格　C.一般　D.不严格　E.非常不严格

三、阻碍你参加体育锻炼的主要因素

序号	题　目	非常符合	比较符合	一般	比较不符合	非常不符合
1	学习紧张,学业压力大					
2	父母对体育运动的态度,影响了我参与体育运动的情况					
3	社会对体育的宣传力度不够					
4	我本身不太重视体育运动					
5	找不到一起运动的同学,所以不想去					
6	如果学校拥有更多的运动场地,我一定会参加体育运动					

209

(续表)

序号	题目	非常符合	比较符合	一般	比较不符合	非常不符合
7	家里几乎没有体育器材（如球拍、足篮球）和运动器械（如跳绳、哑铃）					
8	放假回到家乡，周边的运动场所较少					
9	我没有参加体育锻炼的习惯					
10	课外时间，同学们都去自习，所以我也就去自习了					
11	校内的场地免费对师生开放，我一定会参加体育运动					
12	父母担心运动危险、易受伤，所以不鼓励我参加体育运动					
13	社会上的体育俱乐部收费较高					
14	我想去运动，但不懂得锻炼的方法					
15	课外时间，同学们都在宿舍打游戏或看电影，受周边同学的影响，我也参与他们其中					
16	如果学校拥有更多的体育器材，我一定会参加体育运动					
17	父母经常观看体育电视节目					
18	放假回到家乡，社区或周边缺乏社会体育指导员					
19	我的运动技能太差，不想去运动场丢人或拖后腿					
20	课外时间同学结伴去运动，我也参与他们其中					
21	迫于体育考试的压力，否则我不会参加体育运动					
22	家里没有体育杂志和书籍					
23	放假回到家乡，社区的健身器械不完善					
24	运动中我不自信					
25	身边同学或朋友的运动氛围不强					
26	如果学校严格执行体质健康成绩与评优、保研挂钩，我一定会参加体育运动					

（续表）

序号	题目	非常符合	比较符合	一般	比较不符合	非常不符合
27	回到家中，会和父母一起参加体育运动					
28	校外找不到适合我的体育俱乐部					
29	如果运动技能较好，我会喜欢参加体育运动					
30	同伴们经常会观看体育比赛					

四、体育消费情况

1.本学期，在体育方面的消费（包括租场地、体育服装、器械、书籍杂志、培训及门票等）大约多少钱：_____

2. **本学期，在体育方面的消费用于：（可多选）**

①没有消费□　　　　　　②购买体育器材□

③购买体育服装□　　　　④购买体育报刊书籍□

⑤购买比赛门票□　　　　⑥交纳体育培训费□

⑦交纳收费场地的入场费□　⑧购买体育彩票□

⑨其他_____

3. **我对体育消费感到：**

A.非常值得□　　　B.比较值得□　　　C.一般□

D.比较不值得□　　E.非常不值得□

4. **体育消费形式较多的是：**

A.实体店□　　　B.网购□　　　C.其他_____

5. **你对未来体育消费市场的发展前景看法如何？**

A.非常有前景□　　B.比较有前景□　　C.不知道□

D.比较没前景□　　E.非常没前景□

6. **你觉得未来体育消费市场的前景在哪个方向？（可多选）**

　　A.体育赛事产业☐　　　B.体育健康产业☐　　　C.体育场馆经营☐

　　D.健身塑型产业☐　　　E.足球产业☐　　　　　F.网络体育转播☐

　　G.青少年培训☐　　　　H.其他_____

五、个人健康状况

1. **本学期，生病次数大约是：_____次**
2. **本学期，买药的费用大约是_____元**
3. **本学期，你感觉个人的健康状态如何？**

　　A.非常好　　B.很好　　C.一般　　D.较差　　E.非常差

4. **本学期，你感觉个人的精神状态如何？**

　　A.非常好　　B.很好　　C.一般　　D.较差　　E.非常差

5. **本学期，你常会感到易疲劳、记忆力下降或注意力不集中？**

　　A.非常符合　B.比较符合　C.一般　D.比较不符合　E.非常不符合

6. **本学期，你常会感到思维缓慢、反应迟钝、不良情绪？**

　　A.非常符合　B.比较符合　C.一般　D.比较不符合　E.非常不符合